TRANSPORT MARITIME ET PREVENTION DE LA POLLUTION ATMOSPHERIQUE

Lise DETRIMONT

Université de Nantes
Centre de Droit Maritime et Océanique

Master 2 Droit et Sécurité des Activités Maritimes et Océaniques – Juin 2019

SOMMAIRE

INTRODUCTION

« L'agenda environnemental pousse le secteur du transport maritime vers une voie de plus en durable. Le temps où les armateurs pouvaient opérer sans un contrôle public est révolu »[1] déclare Lars Robert Pedersen, secrétaire général adjoint du Baltic and International Maritime Council (BIMCO), la plus ancienne association d'acteurs maritimes au monde.

Le transport maritime international est dans le viseur de la communauté internationale en raison de sa contribution à la pollution atmosphérique. L'Organisation maritime internationale (OMI) a la charge d'organiser les règles qui permettent de prévenir et maîtriser les impacts environnementaux négatifs de cette activité si l'on s'en tient à une lecture simplifiée du cadre juridique du transport maritime. Mais la réalité se révèle bien plus complexe et semble petit à petit faire appel à de nouvelles règles de gouvernance[2] pour répondre à l'urgence environnementale.

---

[1] BIMCO, *Reflections 2019*, https://www.bimco.org/products/publications/free/reflections [consulté le 20 mai 2019].

[2] P. ABADIE, « Gouvernance environnementale : quelles articulations entre responsabilité des États et responsabilité des entreprises ? », in *Le rôle du droit dans la protection de*

Les activités humaines sont à l'origine d'émissions de polluants primaires[3] sous forme de gaz et de particules dans l'atmosphère. Ces substances peuvent être transportées par le vent, la pluie ou des gradients de température jusqu'à des milliers de kilomètres de la source d'émission. Par réaction chimique sous l'effet de certaines conditions météorologiques et par réaction dans l'air entre ces substances, apparaissent des polluants secondaires[4]. Les impacts d'un air pollué sur l'homme s'expriment à court terme par une mortalité et une morbidité[5] accrues chez les sujets sensibles, mais aussi à long terme, par le développement de

---

l'environnement, Actes du séminaire organisé par la Plateforme RSE le 30 mai 2018, Paris, France Stratégie, 2018, p17, https://www.strategie.gouv.fr/sites/strategie.gouv.fr/files/atoms/files/fs-actes-role-droit-protection-environnement-14-09-2018_0.pdf [consulté le 12 avril 2019]. La gouvernance est vue comme une technique d'organisation du pouvoir entre entités étatiques et entités non étatiques et implique une ouverture des processus décisionnels.

[3] Dioxyde de carbone, méthane, oxydes d'azote, de soufre, particules ou aérosols, métaux lourds, composés organiques volatils, hydrocarbures aromatiques polycycliques, https://www.gouvernement.fr/risques/pollution-de-l-air [consulté le 12 avril 2019].

[4] Ozone, sulfates et particules.

[5] La morbidité désigne la fréquence d'une maladie. La mortalité désigne une fréquence de décès.

pathologies[6] chez des personnes en bonne santé se traduisant par une mortalité et une diminution de l'espérance de vie qui peut dépasser 2 ans[7]. Les impacts d'un air pollué sur l'environnement sont de plusieurs ordres : sous l'effet des oxydes de soufre et d'azote, les pluies deviennent acides et altèrent les sols et les cours d'eau[8], la faune et la flore sont affectées (déclin de populations pollinisatrices, nécrose des feuilles), et l'augmentation des concentrations en gaz à effet de serre[9] (GES) dans l'atmosphère entraîne un dérèglement climatique qui conduit au réchauffement de la planète. Cette pollution a un coût sanitaire important. Selon l'Organisation mondiale de la santé, la

---

[6] Des pathologies respiratoires, cardiovasculaires, mais aussi des désordres du système reproducteur ont été identifiés en lien avec la pollution atmosphérique.

[7] Ministère des Solidarités et de la santé, consultable en ligne sur https://solidarites-sante.gouv.fr/sante-et-environnement/air-exterieur/qualite-de-l-air-exterieur-10984/article/sources-de-pollution-et-effets-sur-la-sante

[8] https://www.atmo-auvergnerhonealpes.fr/article/effets-sur-lenvironnement [consulté le 10 avril 2019].

[9] Les gaz à effet de serre sont des gaz qui interceptent les infrarouges émis par la surface terrestre et les renvoie vers le sol, induisant un réchauffement terrestre. Le dioxyde de carbone (CO_2), le méthane, l'ozone ainsi que les halocarbures, gaz industriels. Le CO_2 est le principal contributeur de l'effet de serre engendré par l'homme.

pollution de l'air représente un risque environnemental majeur pour la santé et aurait provoqué 4,2 millions de décès prématurés dans le monde en 2016[10]. En France, le Ministère des Solidarités et de la Santé estime que la présence de particules fines[11] dans l'air extérieur entraine 48 000 décès prématurés chaque année[12]. Une commission d'enquête du Sénat avait chiffré en 2015 le coût sanitaire et environnemental de cette

---

[10] Informations disponibles au lien suivant : https://www.who.int/fr/news-room/fact-sheets/detail/ambient-(outdoor)-air-quality-and-health . L'OMS a publié des Lignes directrices relatives à la qualité de l'air en 1987, qui ont été revues en 1997 puis en 2005. La dernière version abaisse considérablement les seuils à atteindre notamment pour les matières particulaires (PM). Une nouvelle version devrait être publiée en 2020.

[11] Ce sont surtout les effets des particules fines, notamment celles qui ont un diamètre inférieur à 2,5 µm, qui sont documentés. La toxicité de ces particules provient à la fois de leur composition et de leur taille. Plus les particules sont fines, plus elles sont capables de pénétrer profondément dans l'arborescence pulmonaire et de passer par la circulation sanguine vers d'autres organes.

[12] Ministère des Solidarités et de la santé : https://solidarites-sante.gouv.fr/sante-et-environnement/air-exterieur/qualite-de-l-air-exterieur-10984/article/sources-de-pollution-et-effets-sur-la-sante [consulté le 11 avril 2019].

pollution à 101,3 milliards d'euros par an sans intégrer le coût sur la biodiversité[13].

Le rôle du trafic maritime dans la pollution atmosphérique a été mis en avant dès les années 1990, notamment par la Norvège qui démontra le lien entre les pluies acides dont elle était victime et les émissions des navires[14], ce qui poussa l'OMI à adopter une réglementation spécifique[15]. Une étude épidémiologique[16] en 2007 estime que 60 000 décès

---

[13] Rapport n°610 fait au nom de la commission d'enquête sur le coût économique et financier de la pollution de l'air, Président M. Jean-François HUSSON, Rapporteure Mme Leila AÏCHI, juillet 2015, p.147. Ce coût prend en compte les aspects « non sanitaires » en matière de baisse des rendements agricoles et dégradation des bâtiments, ainsi que le coût des politiques de prévention, surveillance, recherche et le coût des réglementations et taxations. En revanche, en matière de biodiversité, les connaissances n'ont pas permis de monétariser les impacts (§4 p 145).

[14] Ces études procédaient à une évaluation des émissions provenant des gaz d'échappement des navires, qu'elles chiffraient à 4% des émissions mondiales de soufre, à 7% des émissions mondiales d'oxydes d'azote.

[15] L'annexe VI de la convention MARPOL, convention vouée à prévenir et maîtriser la pollution par les navires.

[16] J. J. CORBETT et al, « Mortality from ship emissions: global assessment », *Environmental Science and Technology*, 2007, décembre, vol. 41, n°24, p. 85512, https://www.researchgate.net/publication/5650440_Mortalit

prématurés dans les zones côtières de l'Europe et de l'Asie du Sud et de l'Est seraient attribuables aux émissions atmosphériques des navires. En 2015 des ONG[17] ont réalisé une campagne de mesure de la qualité de l'air à Marseille et démontré que le nombre de particules ultrafines[18] aux abords du port où faisait escale un grand navire de croisière était multiplié par 20 par rapport au bruit de fond du reste de la ville, et par 70 à bord du navire. Ainsi, les navires sont à l'origine d'une pollution de forte intensité par des oxydes de soufre et d'azote, des particules fines et ultrafines, et par le dioxyde de carbone[19]. Peu à peu, l'attention

---

y from Ship Emissions A Global Assessment   [consulté le 26 avril 2019].

[17] France Nature Environnement et NABU (ONG allemande), voir l'article en ligne au lien suivant :
https://www.fne.asso.fr/dossiers/linsoutenable-pollution-de-lair-du-transport-maritime-navire-bateaux-croisières
[consulté le 12 avril 2019].

[18] Les particules ultrafines ont une taille inférieure à 100 nanomètres, soit la largeur d'un cheveu découpée en 1000. Elles s'infiltrent dans l'organisme plus profondément que les particules fines.

[19] Des discussions ont lieu sur le forçage radiatif global du transport maritime : les sulfates (SO4) primaires et secondaires émis par les navires réfléchissent le rayonnement solaire et empêchent les radiations d'atteindre la surface terrestre (forçage négatif permettant un

scientifique se porte aussi sur le « carbone suie[20] » qui joue un rôle non négligeable en matière de réchauffement climatique en se déposant sur les neiges et les glaces de l'Arctique[21].

L'origine de la pollution émise par les navires se trouve dans la combustion d'un carburant à haute teneur en soufre et issu d'une énergie fossile fortement carbonée. En effet, les plus grands navires utilisent essentiellement du fuel-oil lourd, dernier résidu des opérations de raffinage du pétrole présentant un

---

refroidissement), de même les NOx réduisent la durée de vie du méthane (CH4) dans l'atmosphère. En revanche, les NOx sont aussi des précurseurs de l'ozone qui est un GES. Il a été analysé par les scientifiques que le forçage radiatif négatif lié à certaines émissions des navires sont de courte durée et de portée régionale (et ont des impacts négatifs que la santé). Les CO2 en revanche a une très longue durée de vie dans l'atmosphère (100 ans) et s'accumule. Ainsi à long terme, les effets durables du CO2 dépasseront les effets de refroidissement.

[20] Plus connu sous le nom de « black carbon », ce dernier est un composant des suies qui absorbe le rayonnement solaire visible à toutes longueurs d'onde.

[21] Le Conseil l'Arctique a pris l'engagement dans la déclaration de Fairbanks (11 mai 2017) de réduire les émissions de carbone suie (BC) de 25 à 33% d'ici 2025 par rapport au niveau de 2013 afin de réduire le réchauffement de l'Arctique de 0,25°C.

avantage économique certain[22] et dont les conditions d'utilisation ont une influence directe sur les émissions atmosphériques[23]. La dernière étude de l'OMI sur les gaz à effet de serre[24] montre que plus de 80% du fuel-oil utilisé entre 2007 et 2012 pour le transport maritime international était du fuel-oil lourd[25]. Nous nous

---

[22] Le fuel lourd est à 449,50 USD la tonne alors que le diesel marin est à 717,50 USD. Ship and Bunker Prices, 29 mai 2019, disponible sur http://shipandbunker.com/prices/av. [consulté le 20 mai 2019].

[23] Les SOx sont formés par l'oxydation du soufre contenu dans le carburant, d'où l'importance de la teneur initiale du combustible. Les particules (suies, cendres, sulfates et composés organiques) se forment en raison de la combustion incomplète du carburant et des conditions de pression et température. Les quantités de suies, de cendres et de sulfates dépendent de la teneur en soufre du carburant. Les NOx sont formés par une oxydation de l'azote de l'air et du carburant dépendant des modalités de combustion. Le CO_2 est formé, quant à lui, par l'oxydation du carbone présent dans le carburant.

[24] T.W.P. SMITH et al, *Third IMO GHG Study 2014*, Londres, International Maritime Organisation, 2014, tableaux 2 et 3 p.10.

[25] Les navires peuvent aussi utiliser un mélange de distillats et de fuel-oil lourd (Marine Diesel Oil) ayant une moindre teneur en soufre, voire un intermédiaire plus soufré, le IFO 180 ou 380 (Intermediate Fuel Oil). La dernière solution étant d'utiliser un gasoil marin issu uniquement de distillats

concentrerons dans cette étude sur les émissions de polluants liées à la combustion du fuel-oil, à l'exclusion des gaz issus des autres usages sur les navires (gaz réfrigérants, climatisation...) dont la réglementation semble moins complexe à mettre en œuvre.

En 2007[26] le transport maritime international était à l'origine de 15,2% des NOx émis dans le monde soit 20 millions de tonnes et 9,6% des SOx[27] soit 15 millions de

---

(Marine Gas Oil) plus onéreux. Face à l'évolution de la réglementation qui restreint la teneur en soufre des émissions, les sociétés de raffinage proposent un nouveau carburant à faible teneur en soufre : le fuel-oil à très faible teneur en soufre (Very Low Sulphur Fuel Oil).

[26] Chiffres issus de la thèse de Marjorie Doudnikoff, qui a comparés les chiffres issus de la 2nde étude de l'OMI sur les GES émis par le transport maritime et les chiffres issus de la base de données EDGAR (Emissions database for global Atmospheric Research) sur l'année 2007. Les données pour l'année 2012 qui auraient pu être comparés avec ceux fournis par la 3ème étude de l'OMI sur les GES, ne sont pas disponibles sur l'ensemble des polluants, excepté pour le CO_2.

[27] Le travail de l'ITF, Reducing Sulphur emissions from ships, en 2016 confirme un ordre de grandeur de 5 à 10% concernant le SO_2, p. 10. Pour Olaf MERK, qui a compilé différentes sources scientifiques dans *Shipping Emissions in Ports*, les ordres de grandeur sont de 5 à 10% pour les émissions de SOx et de 17 à 31% pour les émissions de NOx.

tonnes[28]. La contribution du transport maritime international[29] en gaz à effet de serre (GES) représentait 2,6% du CO2 total émis par les activités humaines en 2015[30] soit 812 millions de tonnes[31], comparable au secteur de l'aviation mais 20 fois moins que le secteur routier[32]. D'après l'estimation de l'OMI les émissions de

---

[28] N. OLMER et al, *Greenhouse Gas Emissions from Global Shipping, 2013-2015, The international council of clean transportation (ICCT)*, Washington, 2017, tableau 9, p. 20 : En 2015, les NOx représentaient 17 Mt et les SOx 10,5 Mt.

[29] La contribution du transport maritime domestique représente moins de 1% des émissions.

[30] N. OLMER et al, Greenhouse Gas Emissions from Global Shipping, 2013-2015, The international council of clean transportation (ICCT), Washington, 2017, tableau ES-1, p. IV.

[31] Cet ordre de grandeur est variable selon la source scientifique examinée : entre 1,5 et 3,3%d'après l'étude d'O. MERK, *Shipping Emissions in Ports*, International Transport Forum Discussion Papers, Paris, OCDE, 2014, http://dx.doi.org/10.1787/5jrw1ktc83r1-en, tableau 1, p.6. La 3ème étude de l'OMI (2014) sur les GES émis par le transport maritime estime que les émissions entre 2007 et 2012 ont représenté 3,1% du CO2 et 2,8% des émissions de GES totales.

[32] G. ARCHER et al, *CO2 emission from cars; the facts*, Transport & Environnement, avril 2018, tableau 1 p.13, https://www.transportenvironment.org/sites/te/files/publicat ions/2018_04_CO2_emissions_cars_The_facts_report_final_0 0.pdf [consulté le 20 avril 2019].

GES sont amenées à augmenter de 50 à 250% d'ici 2050[33]. L'efficacité énergétique des navires s'améliore mais la demande en transport de marchandise augmente générant une augmentation du niveau global des émissions de GES[34].

En effet, en 1970, 2,605 milliards de tonnes de marchandises transitaient par les mers. En 2017, ce chiffre a été multiplié presque par 5 pour atteindre 10,702 milliards de tonnes soit plus de 80% des marchandises mondiales, dans un trafic qui s'intensifie chaque année[35]. En 2011, le commerce international a généré 81 000 milliards de tonne-kilomètres de mouvements de fret dans le monde, dont 87% réalisés par le transport maritime[36] (8% par route, 5% par rail et

---

[33] Ø. BUHAUG et al, *Second GHG Study 2009*, Londres, International Maritime Organisation, 2009 et T.W.P. SMITH et al, *Third IMO GHG Study 2014*, Londres, International Maritime Organisation, 2014.

[34] N. OLMER et al, Greenhouse Gas Emissions from Global Shipping, 2013-2015, The international council of clean transportation (ICCT), Washington, 2017, p.VI

[35] Les experts de la CNUCED projettent une croissance des échanges commerciaux maritimes de 3,8% par an entre sur la période 2018-2023 (revue annuelle, p.15)

[36] V. BENEZECH et al., *ITF Transport Outlook 2017*, Paris, OCDE, 2017, http://dx.doi.org/10.1787/9789282108000-en [consulté le 15 mars 2019].

0,1% par avion) notamment grâce aux 50 000 navires de la flotte marchande de jauge brute supérieure à 1000[37]. En parallèle, la taille des navires continue d'augmenter, excepté pour les pétroliers : de 57 000 tonnes poids lourds pour les porte-conteneurs construits il y a 5 à 10 ans, la moyenne est de 83 000 pour les 5 dernières années. Ce gigantisme s'explique par une économie d'échelle qui permettrait au transport maritime d'être compétitif économiquement et moins polluant pour chaque tonne de produit transporté[38]. Les vraquiers secs (minerai de fer,

---

[37] Au 1er janvier 2018, la flotte commerciale mondiale comprenait 94 171 navires pour un tonnage poids lourds de 1,92 milliards de tonnes d'après la revue annuelle du transport maritime 2018 – Conférence des Nations-Unies sur le Commerce et le Développement (CNUCED) et V. BENEZECH et al., *ITF Transport Outlook 2017*, Paris, OCDE, 2017, http://dx.doi.org/10.1787/9789282108000-en , p.27. Si l'on analyse les données en tonne-kilomètres, ce sont 87% des marchandises qui sont transportées par la mer.

[38] Ces arguments sont cependant aujourd'hui sujets à caution : un rapport d'avril 2015 de l'ITF (O. MERK et al, *the impact of mega ships, Case-specific Policy analysis*, OCDE, 2015) qui s'est intéressé au cas emblématique des porte-conteneurs montre que les économies réalisées ces dernières années ont été largement attribuables à l'amélioration des moteurs et à la politique de ralentissement des navires, le « slow steaming » induit par la

charbon, céréales) représentent la plus grande part des tonnages soit 42,5% suivis par les pétroliers (29,2%) et les porte-conteneurs (13,1%). La valeur des marchandises transportées par ces derniers représente plus de 50% de la valeur des marchandises maritimes : elle est à haute valeur ajoutée.

---

crise de 2008, plus qu'à la taille et que les adaptations des infrastructures et des équipements augmentent finalement le coût total du transport pour les autres opérateurs et la société en général, même si l'armateur réalise un profit (qui semblerait cependant s'amenuiser de plus en plus). Le coût du nouveau pont du port de Long Beach en Californie en remplacement du Gerald Desmond Bridge (62,5 m au lieu de 47) par exemple, est de 1,26 milliards de dollars auxquels s'ajoutent déjà 300 millions supplémentaires liés aux retards du chantier.

Une étude de 2017[39] qui s'appuie sur les données du système automatique d'identification[40] de 376 219 navires en 2015 montre que les porte-conteneurs, vraquiers et pétroliers représentent 82,6% des émissions de CO2 et plus de 80% des émissions pour les autres polluants[41]. L'étude qui suit se concentre donc sur le transport maritime international, et notamment sur le cas des porte-conteneurs, vraquiers

---

[39] L. JOHANSSON, J-K. JALKANEN et J. KUKKONEN, « Global Assessment of shipping emissions in 2015 on a high spatial and temporal resolution», *Atmospheric Environment*, 2017, n°167, pp. 410.

[39] O. Merk, 2014, p. 17 et Dalsøren et al., 2008. Cette étude utilise une méthode « bottom-up » : elle s'appuie sur des données réelles de trafic et la modélisation des consommations de combustible par catégorie de navire. A l'inverse, l'approche « top-down » s'appuie sur des statistiques de ventes de combustibles pour en déduire la consommation par les navires. L'approche « bottom-up » est qualifiée de plus fiable par les scientifiques.

[40] Le système automatique d'identification (AIS) des navires est un outil d'échange automatisé de communication par radio VHF destiné à accroitre la sécurité de la navigation et l'efficacité de la gestion du trafic maritime. Le système a été rendu obligatoire par l'OMI en 2004 pour tous les navires à passagers quelles que soient leurs dimensions et les navires d'une jauge brute égale ou supérieure à 300 qui effectuent des voyages internationaux (convention SOLAS, chap. V).

[41] SOx, NOx et PM

et tankers, qui sont identifiés comme les plus fort contributeurs en matière de pollution atmosphérique[42]. La question des navires à passagers ne sera pas traitée dans cette approche, car il s'agit d'un segment très spécifique du transport maritime[43].

Près de 70% des émissions maritimes d'oxydes de soufre et d'azote ont lieu à moins de 400 km des côtes[44] et la majorité des émissions a lieu dans l'hémisphère nord[45] de manière relativement continue[46]. L'étude des

---

[42] J. J. CORBETT, P. S. FISCHBECK. et S. N. PANDIS, « Global Nitrogen and Sulfur Emissions Inventories for Oceangoing Ships », *Journal of Geophysical Research*, 1999, février, n°104 (D3), p.3463 : les navires de jauge supérieure à 100 du transport maritime représentent 42% des 106 000 navires recensés en mer par l'étude en 1996 mais 86% du tonnage poids lourd en mer, 69% des émissions de NOx et 73% des émissions de SOx d'après la figure 2 p.3461.

[43] Ibid. : les navires à passagers de jauge supérieure à 100 représentent environ 4% des navires recensés en mer par l'étude, soit moins de 1% du tonnage poids lourd présent en mer, environ 6% des SOx et 5% des NOx émis par la marine marchande.

[44] J. J. CORBETT, P. S. FISCHBECK. et S. N. PANDIS, *op. cit.*, note 42, p 3460.

[45] Ibidem, figures 5, 6 et 7 p. 3467. Les émissions ont lieu entre les latitudes 10° et 80° Nord.

[46] Excepté une légère diminution en décembre, qui peut être due à une diminution du trafic hivernal (vacances ou conditions météorologiques)

signaux AIS[47] émis par les navires, a précisé cette analyse et démontre que certains secteurs géographiques sont particulièrement touchés par la pollution atmosphérique[48]. Les émissions atmosphériques sont importantes lors des escales : elles représenteraient 2 à 5 % des émissions totales du transport maritime[49]. Les porte-conteneurs et pétroliers seraient les plus gros émetteurs lors des escales. Les ports sont donc aussi des lieux de concentration de la pollution atmosphérique.

La flotte s'est renouvelée ces dernières années : un tiers de la flotte mondiale a moins de 4 ans, et un tiers entre 5 et 9 ans[50] : deux tiers de la flotte sont donc prêts à naviguer pour encore au moins 10 ans, soit jusqu'à l'horizon 2030, à moins d'un renouvellement expressément exigé. Par ailleurs, le transport maritime

---

[47] L. JOHANSSON, J-K. JALKANEN et J. KUKKONEN, « Global Assessment of shipping emissions in 2015 on a high spatial and temporal resolution», *Atmospheric Environment*, 2017, n°167, pp. 411.

[48] Ibid. : Est et Sud de la mer de Chine, Sud-Est et Sud de l'Asie, mer Rouge, Méditerranée, côtes européennes de l'Atlantique Nord, Golfe du Mexique, mer des Caraïbes et Côte ouest des Etats-Unis.

[49] Olaf Merk, 2014, p. 17 et Dalsøren et al., 2008. Toutes émissions (CO_2, NO_x, SO_x et PM) confondues.

[50] Seuls 10% des navires ont plus de 20 ans.

présente encore une surcapacité[51] importante conduisant notamment à un abaissement des taux de fret qui réduit les marges de manœuvre financières des transporteurs. Les compagnies maritimes pourraient vouloir économiser en réduisant le nombre de ports dans lesquels les navires font escale, et en réduisant la fréquence de leurs mouvements, ce qui conduirait à une concentration du trafic et donc de la pollution sur certaines routes et certains ports dont les capacités devront augmenter[52]. Le transport international par mer devrait continuer à représenter 80% du fret

---

[51] OECD/ITF, *ITF Transport Outlook 2017*, Paris, OCDE, 2017, http://dx.doi.org/10.1787/9789282108000-en : La surcapacité est évaluée par l'ITF à ¼ de la capacité mondiale du transport maritime et devrait persister jusqu'en 2035. En 2015, cette surcapacité est évaluée en jauge brute à 88 millions pour les tankers (36% de la flotte), 122 millions pour les vraquiers (29% de la flotte) et 56 millions pour les porte-conteneurs (26% de la flotte). L'industrie mondiale de la construction navale est confrontée à des taux d'utilisation de la capacité de chantiers navals historiquement bas, d'environ 57% en 2015, après un pic de 85% en 2008. Les subventions aident les gouvernements à maintenir la compétitivité de ce secteur d'importance stratégique, ainsi que le maintien de l'emploi. Ce soutien gouvernemental, cependant, stimule l'approvisionnement en navires, aggravant encore la situation d'offre excédentaire.

[52] Ibidem

mondial d'ici 2050[53] et s'illustrer par une intensification massive des échanges dans le corridor du Pacifique Nord États-Unis – Asie[54], ainsi qu'en Atlantique Nord (échanges Europe-Amérique du Nord) et en Méditerranée (échanges Europe-Asie). Des incertitudes des projections concernant l'avenir du commerce international existent cependant : les restrictions commerciales et les difficultés de négociations sur des accords commerciaux ont ainsi mis en défaut les projections de 2015 d'augmentation du marché à court terme. La fin du mois de janvier 2019 voyait ainsi la chute des tarifs des vraquiers et des porte-conteneurs qui transportent l'essentiel des matières premières et des produits finis du commerce international, sur les six derniers mois[55].

---

[53] Ibid.

[54] Le volume de fret pourrait atteindre 76 000 milliards de tonne-kilomètres en 2050.

[55] L'indice Baltic Dry mesure les coûts de transport maritime de marchandises comme le charbon et le minerai de fer. Il a chuté de 47% entre la mi-2018 et janvier 2019, alors que le différend commercial entre les Etats-Unis et la Chine a conduit à l'instauration de nouveaux droits de douane, mais il remonte depuis cette date pour atteindre la 60% de sa valeur en mai 2019. Le transport maritime par vraquiers n'est pas le seul marché sous pression, l'indice Harpex Shipping, qui mesure les tarifs de transport de conteneurs, avait aussi chuté vertigineusement depuis juin 2018 mais

Le transport maritime des marchandises représente un enjeu socio-économique colossal et reste à ce stade des connaissances scientifiques proportionnellement moins polluant en matière de GES que le transport par route soit entre 0 et 60 g de CO_2/t.km pour le transport maritime[56], entre 80 et 180 g CO_2/t.km pour le transport routier et entre 20 et 120 g CO_2/t.km pour le rail[57].

---

suit lui aussi une courbe ascendante, reprenant 80% de sa valeur en mai 2019.

[56] L. JOHANSSON, J-K. JALKANEN et J. KUKKONEN, « Global Assessment of shipping emissions in 2015 on a high spatial and temporal resolution», *Atmospheric Environment*, 2017, n°167, pp. 412.

[56] Olaf Merk, 2014, p. 17 et Dalsøren et al., 2008. L'étude montre que les émissions de CO_2 issues des vraquiers, cargo et tankers sont de l'ordre de 4,7 à 6,1 g CO_2/t.km, celles d'un porte-conteneur sont de l'ordre de 9,7 g CO_2/t.km. Les données des RoPax/RoRo sont montrent une émission de 150,7 g CO_2/t.km mais sont biaisées car seule la masse de marchandise transportée est prise en compte dans le calcul, sans intégrer les passagers.

[57] Données issues de la 1ère étude de l'OMI sur les émissions de GES en 2009. Pour Michel SAVY et al., dans *Le fret mondial et le changement climatique, perspectives et marges de progrès, Centre d'Analyse Stratégique*, 2010, les valeurs sont les suivantes : 19 g de CO_2/t.km pour le transport maritime, 243 g/t.km pour le transport routier, 16 g/t.km pour le rail et 1 054 g/t.km pour le transport aérien

L'accroissement des capacités des navires, notamment des vraquiers et des porte-conteneurs atteint plus de 3% par an. De nouvelles infrastructures se développent pour accueillir ces géants et le trafic en lui-même s'intensifie malgré les signes d'un ralentissement économique, des taux de fret bas et une surcapacité préoccupante. Cette croissance menace à la fois la qualité de l'air le long des grandes routes maritimes et dans les ports, et la stabilité de l'atmosphère.

La qualité de l'air préoccupe l'homme depuis fort longtemps, comme en témoigne Hippocrate[58] 400 ans avant J.C. qui analyse l'influence des vents sur la santé et du climat sur le tempérament des populations dans son traité « Airs, eaux, lieux ». De premières réglementations[59] visent au XIXème siècle les établissements industriels qui répandent une odeur insalubre ou incommode. Les épisodes de « smog » liés

---

[58] M. MOLINER-DUBOST, Le droit face à la pollution atmosphérique et aux changements climatiques, Droit, Université Jean-Moulin Lyon 3, 2001, p 17.

[59] Décret-loi du 15 octobre 1810 qui fait suite au rapport rédigé en 1804 par par Louis-Bernard Guyton-Morveau et Jean-Antoine Chaptal, alors ministre de l'Intérieur, sur la « question de savoir si les manufactures qui exhalent une odeur désagréable peuvent être nuisibles à la santé ».

à l'usage intensif du charbon dans la première moitié du XXème siècle engendrent de nombreux décès[60]. Ils donnent naissance à une surveillance de la qualité de l'air par le développement d'une métrologie adaptée, avant l'éveil mondial de la conscience environnementale lors de la Conférence de Stockholm en 1972 et la confirmation, en France, de la relation entre la pollution atmosphérique et la mortalité anticipée par des études lancées dans les années 1990[61].

La pollution atmosphérique étant transfrontalière, les États ont travaillé à la mise en place d'un cadre juridique international et régional pour lutter contre ses effets en recourant majoritairement aux instruments conventionnels et règlementaires. Ainsi la Convention sur la pollution atmosphérique transfrontière à longue distance[62] (CPATLD) signée en 1979 et ses différents protocoles successifs concernent une liste de polluants atmosphériques tels que le dioxyde de soufre, les composés organiques volatils, les polluants organiques

---

[60] M. MOLINER-DUBOST, *op. cit.*, note 58, p 22.

[61] Étude dans le cadre du projet européen APHEA (Air Pollution and Health) en 1990, étude ERPURS en 1998.

[62] Convention sur la pollution atmosphérique transfrontière à longue distance signée à Genève le13 novembre 1979 et entrée en vigueur le16 mars 1983, adoptée par 51 États parties à date du 6 mai 2019.

persistants, les métaux lourds, les oxydes d'azote et les particules fines. La CPATLD a été signée par l'Union européenne, compétente au regard du caractère transfrontalier du phénomène et en vertu du principe de subsidiarité[63]. Après avoir adopté plusieurs directives[64], l'UE a mis en place un « train de mesures » visant à réduire la pollution atmosphérique d'ici 2030 dans le cadre du programme « Air Pur Europe »[65]. Cependant, l'UE privilégie pour le transport maritime l'adoption de mesures au niveau international[66] « *en raison du caractère international du transport maritime et de la dépendance de l'Europe vis-à-vis de ce secteur* »[67]. Ainsi, le transport maritime bénéficie d'une dérogation quant à la lutte contre les polluants atmosphériques

---

[63] Article 5§3 TUE.

[64] Directive 96/62/CE du 17 septembre 1996 concernant l'évaluation et la gestion de la qualité de l'air ambiant, Directive 1999/30/CE du 22 avril 1999 du Conseil relative à la fixation de valeurs limites pour l'anhydride sulfureux, le dioxyde d'azote et les oxydes d'azote, les particules et le plomb dans l'air ambiant.

[65] Publié dans une communication de la Commission européenne le 18 décembre 2013 : COM (2013) 918 final

[66] L'UE réglemente cependant la teneur en soufre des combustibles liquides par ses directives successives 1999/32, 2005/33 et 2012/33 que nous examinerons plus loin dans ce travail.

[67] COM (2013) 918 final, §3.2.5.

précédemment cités, pour n'être traité qu'au niveau international.

La lutte contre le changement climatique a été, quant à elle, formalisée dans la Convention cadre des Nations-Unies sur les changements climatiques (CCNUCC) signée en 1992[68], et renforcée en 2015 par l'Accord de Paris[69]. Elle repose sur le principe d'une responsabilité commune mais différenciée des États parties[70]. L'UE est signataire de la CCNUCC et lutte contre les émissions de GES des activités industrielles les plus polluantes par le biais de normes contraignantes et d'un mécanisme de flexibilité lié au marché carbone *excepté pour les activités de transport maritime international* qui sont exclues des négociations.

---

[68] Elle est entrée en vigueur le 21 mars 1994.

[69] Signé en 2015 et entré en vigueur en 2016, l'accord de Paris a pour objectif est de renforcer la réponse globale apportée par les États dans la lutte contre le changement climatique en contenant l'élévation de la température moyenne de la planète nettement en dessous de 2°C par rapport aux niveaux préindustriels et en poursuivant l'action menée pour limiter l'élévation des températures à 1,5°C par rapport aux niveaux préindustriels.

[70] Ainsi, l'annexe I de cette convention dresse la liste des pays développés auquel « *il appartient (...) d'être à l'avant-garde de la lutte contre le changement climatique* » CCNUCC, article 3 - Principes, §1

Ainsi, le cadre juridique « classique » de la prévention de la pollution atmosphérique ne s'applique pas au transport maritime. Celui-ci bénéficie d'un régime particulier qui se construit, pour sa partie conventionnelle, au sein de l'OMI.

En effet, l'OMI est l'institution historique chargée par les Nations-Unies d'assurer la sécurité et la sûreté des transports maritimes et de prévenir la pollution des mers par les navires. Succédant à l'Organisation maritime consultative internationale (OMCI[71]), elle développe depuis 1958 l'œuvre normative la plus substantielle en matière de droit maritime[72]. Ce droit maritime, internationaliste par essence, gouverne une activité humaine en mer principalement d'ordre privée et majoritairement liée au commerce[73]. Il a pour vocation de sécuriser l'expédition maritime. Le droit maritime est conditionné par le droit de la mer qui précise les droits et obligations des États sur l'espace maritime et qui a été codifié par la Convention des Nations-Unis sur le Droit de la Mer (CNUDM) en 1982.

---

[71] Organe essentiellement technique créé à Genève en 1948 dont le rôle se limitait à adopter résolutions et recommandations sans caractère obligatoire.
[72] A. MONTAS, Droit maritime, Paris, Vuibert, 2015, p.12.
[73] Les activités militaires ou les missions de service public sont exclues ici.

Ainsi, la prévention de la pollution atmosphérique dans le transport maritime trouve ses sources non pas directement dans les conventions internationales dédiées (CPATLD ou CCNUCC) mais bien dans des instruments spécifiques développés dans un cadre juridique conventionnel à part, notamment en raison de l'autonomie affirmée par l'OMI dans le processus climat. L'OMI semble être la cheville ouvrière, mais nous verrons dans ce travail que l'Union Européenne et les États font aussi résonner leur voix et leur droit, démontrant que l'internationalisme du droit maritime n'est pas pour autant synonyme d'uniformité.

Mais l'analyse de la prévention de la pollution atmosphérique par les navires doit-elle s'arrêter au cadre juridique purement *maritimiste* porté par les États et institutions intergouvernementales ? Il nous semble qu'il faut élargir notre vision pour deux raisons. L'activité de transport maritime est intimement liée aux évolutions du commerce international et de l'économie mondiale, et le sujet de la pollution atmosphérique dépasse la « simple » articulation du droit entre les États pour investir celle de la dépendance entre les États et les acteurs économiques privés : armateurs, transporteurs, chargeurs, qui sont les contributeurs du phénomène. Sans entrer dans une étude approfondie du commerce international, les stratégies d'externalisation des grandes firmes dans les années

1990 ont abouti à l'éclatement et à la dispersion des différentes activités participant à la création de valeur, et une échelle mondiale s'est dessinée par l'explosion des Chaînes Globales de Valeur (CGV) [74]. Au sein des CGV, l'interconnexion et la mise en concurrence mondiale des ressources autorisent une diminution des coûts de production, un accroissement de la flexibilité et la réalisation d'économies d'échelle au niveau mondial. Cette évolution a engendré d'une part l'explosion du transport maritime et d'autre part, l'engagement des États dans une compétition globale où chacun doit cultiver son *avantage comparatif*[75], ce qui conduit à surexploiter les ressources naturelles ou humaines pour maintenir une compétitivité à l'échelle mondiale. Le phénomène du *law shopping* permet alors aux entreprises de choisir les États les plus attractifs car présentant des réglementations plus laxistes. Le choix du pavillon des navires de la flotte marchande est orienté par de telles réflexions, permettant ainsi à

---

[74] C.VERCHER et F. PALPACUER, « Chaine globale de Valeur », in *Dictionnaire critique de la RSE*, Villebueve d'Ascq, Presses universitaires du Septentrion, 2013, p38. La CGV peut être définie comme la séquence des processus par lesquels les biens et produits sont conçus, fabriqués et mis sur le marché.

[75] A. SUPIOT et M. DELMAS-MARTY (dir.)*, Prendre la responsabilité au sérieux,* Paris, Presses Universitaires de France, 1ère éd, 2015, p15.

certains armateurs de battre le pavillon d'États plus complaisants[76].

Comment s'organise alors la responsabilité autour du risque écologique que représentent l'air pollué et le réchauffement climatique ? Il y a plus d'un siècle, le paternalisme des entreprises constituait l'assurance sociale du salarié. Certains employeurs, animés par la foi ou la morale, estimaient avoir à l'égard de leurs ouvriers des responsabilités comparables à celles d'un père vis-à-vis de ses enfants. L'entreprise assumait alors une responsabilité sociale volontaire. Puis la révolution industrielle et les multiples accidents industriels dont nul n'assumait la responsabilité ont engendré un tournant juridique de la responsabilité du fait des choses dont on a la garde, accompagné de la mise en place d'un mécanisme corollaire d'assurance de la responsabilité. C'est alors la naissance de l'Etat social, et le transfert par l'entreprise de la responsabilité des risques pesant sur ses salariés. L'entreprise s'affranchit ainsi de cette responsabilité pour se concentrer sur la maximisation du profit. Ce mécanisme s'est encore accru avec la financiarisation des entreprises. Celles-ci seraient subordonnées de

____

[76] Ce n'est pas systématique notamment pour les grandes compagnies de lignes régulières. Ainsi MAERSK a par exemple une majorité de navires sous pavillon danois.

manière de plus en plus évidentes[77] aux exigences des acteurs financiers parmi lesquels, les actionnaires, qui peuvent alors imposer un pilotage stratégique jugé à l'aune du retour sur capital investi. Les profits sont moins destinés à financer le développement de l'entreprise, sans même parler de prendre en charge les impacts environnementaux de leurs activités, qu'à rémunérer ces actionnaires qui entretiennent souvent des liens distendus avec elle. Une partie des grandes entreprises du transport maritime et des principaux chargeurs font partie de ces multinationales dont le capital a évolué vers un actionnariat de plus en plus développé[78]. L'Etat, bien que souverain, semble affaibli face aux dimensions mondiales de cette organisation commerciale et il n'a plus la capacité de demeurer garant du principe de responsabilité, c'est-à-dire de sa capacité d'obliger ceux qui détiennent le pouvoir économique de répondre des conséquences de leurs

---

[77] L. CORDONNIER, « Financiarisation » in *Dictionnaire critique de la RSE*, Villeneuve-d'Ascq, Presses universitaires du Septentrion, 2013, p. 206.
[78] Ce constat ne s'applique qu'en partie aux grands armateurs : deux des plus grands opérateurs mondiaux de porte-conteneurs, A.P Moller Maersk et CMA-CGM sont restées des entreprises familiales. En France, un autre grand armateur, le groupe Louis Dreyfus Armateur est aussi un groupe familial.

décisions[79]. Il existerait alors aujourd'hui une déconnexion entre pouvoir et responsabilité. En d'autres termes, la responsabilité de la dégradation de la qualité de l'air ou de l'atmosphère, milieu vital nécessaire à la survie de notre société, ne serait pas endossée par l'entreprise dont l'activité génère cette dégradation, et l'Etat serait dépassé par la dimension internationale de l'entreprise. Navigue-t-on réellement dans une « irresponsabilité généralisée »[80] ? Il nous semble au contraire que l'activité de transport maritime fait actuellement l'objet d'un travail important de « prise de responsabilité » de la part des institutions intergouvernementales et des acteurs économiques.

Il ne s'agit pas ici de travailler sur une éventuelle opposition ou complémentarité des régimes de « droit public » et de « droit privé » dans cette approche de la prévention de la pollution atmosphérique, mais plutôt se référer à la théorie des biens communs[81] sur laquelle a travaillé Elinor Orstrom[82], c'est-à-dire des biens qui

---

[79] A. SUPIOT et M. DELMAS-MARTY (dir.), *op.cit.,* note 75, p.13.

[80] Idem p.9

[81] P. LAURET, « L'atmosphère, bien commun très politique », *Vacarme*, vol. 51, no. 2, 2010, pp. 35-37, http://www.cairn.info/revue-vacarme-2010-2-page-35.htm [consulté le 3 mai 2019]

[82] Prix Nobel d'économie en 2009, Elinor Ostrom a travaillé sur la gestion des biens communs et analysé comment faire pour que les parties prenantes intéressées (par exemples,

présentent une non-exclusion d'usage mais une rivalité dans leur consommation[83]. Le bien commun considéré ici est alors l'atmosphère. Souvent utilisés par une communauté d'utilisateurs, ces biens seraient voués à être surexploités. En effet, Elinor Orstrom a montré notamment que l'existence d'un intérêt commun n'est pas une condition suffisante à l'action collective. En revanche, si la ressource est vitale – comme l'est une atmosphère stable et de bonne qualité, et que la non-coopération conduit à une situation désastreuse, les individus cherchent à l'éviter et préfèrent choisir la stratégie de coopération, même si certains choisissent de ne pas coopérer[84]. Cette stratégie de coopération constituerait alors l'une des modalités d'une « bonne gouvernance » du secteur du transport maritime. La gouvernance étant la manière dont le pouvoir est exercé dans le management des ressources

---

des pêcheurs) se mettent d'accord sur des règles et les fassent respecter par tous en vue de ne pas surexploiter la ressource concernée.

[83] J-L. COMBES, P. COMBES-MOTEL, et S. SCHWARTZ, « Un survol de la théorie des biens communs », *Revue d'économie du développement*, 2016, vol. 24, no 3, p. 55 http://www.cairn.info/revue-d-economie-du-developpement-2016-3-page-55.htm [consulté le 27 avril 2019].

[84] Il s'agit alors de la notion de « poule mouillé » dans la théorie des jeux.

économiques et sociales d'un pays[85]. Celle-ci peut émerger pour dépasser des intérêts individuels, des stratégies concurrentielles, et converger vers une réelle prise en compte de l'environnement. Au sein de l'entreprise, la responsabilité sociale des entreprises (RSE) est une démarche volontaire pour aller au-delà des lois qui constitue un outil de la « bonne gouvernance »[86]. La RSE pourrait apporter une réponse nouvelle à la nécessité d'une articulation qui semble aujourd'hui trop lâche entre éthique et efficacité au sein de l'entreprise si elle est *prise au sérieux*[87]. De simple argument marketing, elle devient porteuse d'une évolution profonde de la régulation du capitalisme. Dans la RSE, l'entreprise est conçue comme une institution portée par une action collective par opposition à une boîte noire source de dividendes[88]. Elle devient un nouvel espace discursif, un lieu de discussion politico-éthique qui permet de redonner un

---

[85] B. BOIDIN, « Pays en développement », in *Dictionnaire critique de la RSE*, Villeneuve-d'Ascq, Presses universitaires du Septentrion, 2013, p.109.

[86] Ibidem.

[87] A. SUPIOT et M. DELMAS-MARTY, *op. cit.* note 75, p.14.

[88] N. POSTEL et R. SOBEL, « Introduction générale et guide de lecture », in *Dictionnaire critique de la RSE*, Villeneuve-d'Ascq, Presses universitaires du Septentrion, 2013, p.12.

sens à la production et de co-construire autour du bien commun.

Cette RSE est un outil de soft law, « droit mou » pour certains, « droit doux » considéré comme une sorte de pré-droit pour d'autres[89]. « Les actes du soft law sont applicables en vertu des engagements réciproques pris par les parties contractantes. Ils incorporent des règles de conduite, sans pour autant impliquer la création, la préservation, le renforcement, la modification ou l'extinction des droits et des obligations, selon les règles classiques du droit international public. Aux côtés des actes conventionnels à caractère contraignant du droit international qui produisent des droits et des obligations pour les parties, ce type d'actes n'a pas nécessairement ni immédiatement un caractère juridique, et, par conséquent, ne sont pas forcément contraignants »[90]. La RSE propose des instruments différents de ceux mis en œuvre traditionnellement par l'action souveraine des États : plus dynamiques et adaptables voire modulables, la RSE est peut-être aujourd'hui au cœur d'un potentiel régulatoire dont

---

[89] F. CHATZISTAVROU, « L'usage du soft law dans le système juridique international et ses implications sémantiques et pratiques sur la notion de règle de droit », *Le Portique*, n°15, 2005, http://journals.openedition.org/leportique/591 [consulté le 15 avril 2019]

[90] Ibid.

certains États s'emparent. Comment s'exprime-t-elle dans le transport maritime ? Donne-t-elle lieu à des changements de pratiques et au franchissement de nouvelles étapes dans l'internalisation des externalités négatives ? La RSE permet-elle de renforcer le régime spécifique déjà mis en place par le droit conventionnel et réglementaire ? François Ost[91] a construit le concept de « transpropriation », soit la superposition à propos d'une même ressource de plusieurs régimes juridiques distincts, pour « assumer la complexité » et concevoir un « méta-régime » qui permet de sortir de l'opposition des logiques privatistes et publicistes et « d'enchevêtrer les solutions » pour les adapter. Est-ce qu'à l'image d'un tel concept, le transport maritime, soumis à un régime privé, pourrait se trouver soumis à la logique de l'universalité, c'est-à-dire à des exigences d'intérêt collectif ou général qui trouveraient leur fondement dans la RSE, sans nécessiter une écriture réglementaire ?

Cette question est d'autant plus actuelle que les modalités du commerce international évoluent et

---

[91] F. OST, « Oser la pensée complexe ; l'exemple des communs », in Droit public et droit privé de l'environnement : unité dans la diversité ? Actes du colloque international organisé à Paris le 12 juin 2015 par l'Université Paris 13-Sorbonne Paris Cité, Issy-les-Moulineaux, LGDJ, 2016, p.15.

pourraient légitimer une montée en puissance de la RSE. En effet, le commerce international est aujourd'hui fortement conditionné par les accords commerciaux régionaux (ACR)[92], dont le nombre augmente et la portée s'étend, gagnant en profondeur et en complexité au fil des années. Au 4 janvier 2019, 291 ACR étaient en vigueur. L'Organisation mondiale du commerce[93] (OMC) évoque aujourd'hui *« une augmentation notable du nombre de grands accords plurilatéraux en cours de négociation[94] »*, ce qui est vrai

---

[92] La non-discrimination entre les partenaires commerciaux est l'un des principes fondamentaux de l'OMC. Cependant, les ACR, en tant qu'accords commerciaux préférentiels réciproques entre deux partenaires ou plus, constituent une exception et sont autorisés dans le cadre de l'OMC, sous réserve du respect de certaines règles.

[93] L'Organisation mondiale du commerce (OMC) est l'organisation internationale qui s'occupe des règles régissant le commerce entre les pays. Ses 164 membres représentent 98% du commerce mondial. C'est dans son enceinte que se négocient des règles et accords mondiaux dans l'objectif d'un commerce équitable et ouvert pour un système commercial mondial non discriminatoire. Elle dispose d'un organe d'appel pour le règlement des différends.

[94] L'UE a ainsi signé des accords avec l'Ukraine, la Corée du Sud, la Géorgie, la Moldavie, le Canada (CETA), le Japon (JEFTA), et des accords avec Singapour et le Vietnam sont en cours de ratification tandis que d'autres sont actuellement

pour l'UE qui est dotée de la compétence exclusive pour la signature de tels accords[95]. Ces accords dits « de nouvelle génération » tendraient vers une harmonisation des normes, mais le domaine environnemental ne semble pas encore totalement inclus. Ainsi que l'on peut le lire dans l'article 16 du récent JEFTA[96] par exemple : si les parties reconnaissent *« qu'il est important de promouvoir le développement du commerce international d'une manière qui contribue au développement durable, pour le bien-être des générations actuelles et futures »*, elles affirment aussi que la finalité n'est *« pas d'harmoniser les normes des parties dans les domaines de l'environnement et du travail »*. Cependant, les parties coopèrent dans la lutte contre les émissions

---

négociés avec le Mercosur, le Chili, le Mexique, l'Australie, la Nouvelle-Zélande, l'Indonésie, les Philippines, la Tunisie…

[95] Ces accords commerciaux sont conclus entre les États sauf pour les États membres de l'UE : la Cour de Justice de l'UE a considéré dans son avis 2/15 du 16 mai 2017 que l'accord de libre-échange UE-Singapour (ALEUES) relève de la compétence exclusive de l'UE à certaines exceptions près : dans le cas d'investissement indirects, ou en ce qui concerne le règlement des différends entre parties, la compétence sera partagée avec les États membres. Aussi les accords commerciaux peuvent être signés uniquement par l'UE sans obligation de ratification de la part de chaque État membre.

[96] Accords entre l'UE et le Japon, entrée en vigueur le 1er février 2019

de GES et peuvent adopter des mesures pour la mise en œuvre des accords multilatéraux (Accord de Paris par exemple) sous réserve qu'elles ne soient pas discriminatoires et *peuvent* coopérer en matière de label, de RSE, de protection de la biodiversité... Sans être normatif, cet accord permettrait donc de s'appuyer sur la RSE pour faire évoluer les règles des partenaires commerciaux. En cas de non-respect, cependant, le JEFTA prévoit simplement la publication d'un rapport d'un groupe d'expert européen : la sanction est donc uniquement d'ordre politique[97].

Le transport maritime est au cœur de la mondialisation. Activité exercée depuis des millénaires, organisée par des droits en partie coutumiers, elle se trouve aujourd'hui à l'interface entre les enjeux économiques et les enjeux environnementaux. Régulièrement laissée « à part » ou « en dehors » par les instruments juridiques construits pour prévenir la pollution atmosphérique, l'activité de transport maritime fait-elle aujourd'hui l'objet d'un régime sui generis qui permettrait de conjuguer efficacement la liberté d'agir,

---

[97] P. PASCHALIDIS, *Commentaire sur l'Avis 2/15 rendu par la Cour de justice de l'Union européenne*, Lextenso.fr, publié le 1 décembre 2017, https://www.lextenso.fr/cahiers-de-larbitrage/CAPJA2017-3-005 [consulté le 27 avril 2019].

essence de l'entreprise, et la protection de l'atmosphère ?

Les modalités de régulation traditionnelles portées par les États souverains et l'émergence de la responsabilité sociale des acteurs économiques maritimes semblent en mouvement pour construire un cadre juridique novateur afin de prévenir la pollution atmosphérique (**titre I**). Les instruments de ce nouveau régime semblent cependant encore insuffisants pour une prévention efficace (**titre II**).

TITRE I – LA CONSTRUCTION D'UN CADRE JURIDIQUE NOVATEUR POUR PREVENIR LA POLLUTION ATMOSPHERIQUE

Le droit qui encadre la prévention de la pollution atmosphérique dans le transport maritime puise ses sources dans les instruments de l'OMI et du droit de la mer. Cependant, un jeu d'acteurs haletant s'est déroulé entre l'OMI et l'Union Européenne pour construire un cadre juridique original en ce qu'il a abouti d'une part à une convention internationale et à une récente résolution élaborées par l'OMI, et d'autre part à des directives et règlement européens qui s'affranchissent pour partie des règles de l'OMI. Les États, quant à eux, loin de se cantonner à donner effet aux règles internationales ou régionales, prennent des initiatives unilatérales ou s'écartent du domaine maritime pour en organiser indirectement les règles. C'est donc un véritable jeu d'acteurs qui tisse les mailles d'un cadre conventionnel et réglementaire de plus en plus serrées (**Chapitre 1**). En parallèle de cette approche, ou plutôt pour pallier la lenteur de celle-ci, la responsabilité sociale des entreprises prend de l'ampleur depuis les années 1970. A l'origine volontaire, la démarche RSE issue de la *soft law* s'institutionnalise et s'impose désormais réglementairement aux grandes entreprises multinationales (**Chapitre 2**).

CHAPITRE 1 – UN CADRE CONVENTIONNEL ET REGLEMENTAIRE DE PLUS EN PLUS CONTRAIGNANT

C'est dans le cadre de l'OMI que les obligations liées à la prévention de la pollution atmosphérique ont été abordées en premier lieu, puis formalisées par une annexe à la convention MARPOL. Si l'OMI est le lieu des négociations concernant les activités maritimes, il n'en demeure pas moins que l'UE est dotée de compétences sur la question de l'environnement et du transport. Nous assistons alors au développement d'une concurrence institutionnelle pour les nouvelles compétences normatives liées à la pollution atmosphérique (**section 1**). Les États, quant à eux, tirent leur compétence sur l'espace maritime du droit de la mer codifié depuis 1982 dans la CNUDM mais ils imposent aussi de nouvelles obligations environnementales dans une quête d'autonomie normative pour « juridiciser » la pollution atmosphérique (**section 2**).

SECTION 1 – LE DEVELOPPEMENT D'UNE CONCURRENCE INSTITUTIONNELLE

L'OMI regroupe 174 États membres et 3 membres associés[98]. Elle est constituée d'une assemblée réunissant tous les États membres, qui approuve le programme, vote le budget, et élit le conseil, organe exécutif chargé de superviser les travaux. L'OMI présente la particularité d'être un cadre institutionnel de coopération pour les États, un « hôte » du processus conventionnel[99] et non pas un acteur, comme le précise la convention du 6 mars 1948 à l'origine de sa création. L'OMI est donc le simple « instrument » d'un jeu juridique maîtrisé par les États, mais l'organisation s'est affirmée en tant que cadre institutionnel consacré pour les questions environnementales liées au transport maritime (**§.1**). L'Union européenne tente à son tour de se saisir de ces sujets, créant une concurrence moteur pour la dynamique internationale (**§2**).

---

[98] Hong-Kong (Chine), les îles Féroé et Macao (Chine).

[99] N. CLARENC BICUDO, « L'OMI et l'air impur du large, la vie juridique des règles relatives à la pollution atmosphérique des navires », *RGDIP*, 2017, n°2, p. 378.

§1. L'affirmation de l'OMI en tant que cadre institutionnel pour les questions environnementales liées au transport maritime

L'OMI s'appuie sur 5 comités[100] dont le comité de la protection de l'environnement (MEPC) qui est chargé d'examiner toutes les questions qui relèvent de la compétence de l'OMI dans le domaine de la prévention et de la lutte contre la pollution du milieu marin par les navires[101]. Au sein de l'OMI, le MEPC institué en 1974[102] est le lieu d'échange[103] sur les questions environnementales mais il n'est pas habilité à imposer des résolutions obligatoires aux membres de l'OMI. Aussi, les résolutions du MEPC sont des actes collectifs adoptés par les États parties aux conventions qui sont concernées par les amendements proposés. La force

---

[100] Le Comité de la sécurité maritime, le Comité de la protection du milieu marin, le Comité juridique, le Comité de la coopération technique et le Comité de la simplification des formalités.

[101] Le MEPC se réunit 3 fois tous les deux ans pendant 5 jours, en dehors des réunions extraordinaires.

[102] Le MEPC a été créé en 1974 (source : MARPOL, édition récapitulative 2017, p1) et a reçu en 1985 le statut officiel de Comité de l'organisation. Il était avant cela un organe subsidiaire de l'assemblée.

[103] Il permet aux États membres mais aussi aux organisations internationales (comme l'UE) et aux ONG qui bénéficient du statut consultatif d'échanger dans ce cadre.

obligatoire des amendements est alors acquise par extension des effets de la convention qui l'incorpore.

Dans le cas de la convention MARPOL, que l'on détaillera plus loin et qui constitue le cadre juridique de référence[104] de la prévention de la pollution du milieu marin par les navires, l'article 16 prévoit les étapes classiques de l'adoption et l'acceptation des amendements, dont la possibilité d'objecter[105]. L'annexe VI de MARPOL qui contient les règles relatives à la prévention de la pollution de l'atmosphère par les navires précise bien dans sa règle 2 que ses amendements doivent être adoptés et mis en vigueur conformément aux dispositions de cet article 16 de la Convention. En théorie, donc, il est possible pour un Etat Partie à l'annexe VI d'objecter à un amendement. En réalité, de rares objections ont été notifiées puis rapidement levées par acceptation expresse[106]. De plus,

---

[104] N. CLARENC BICUDO, *op.cit.*, note 99, p.366.

[105] Convention MARPOL, article 16 §9 « Toute déclaration ou objection relative à un amendement communiquée en vertu du présent article doit être notifiée par écrit au Secrétaire général de l'Organisation. Celui-ci informe toutes les Parties à la Convention de cette notification et de sa date de réception ».

[106] N. CLARENC BICUDO, *op.cit.*, note 99, p. 381. 4 objections sur les 14 amendements portés à l'annexe VI, liées à des exigences de forme de la part du droit national et non de fond.

la Convention MARPOL met en œuvre la procédure
« d'amendement tacite » pour ses annexes[107]. Cette
procédure permet d'accélérer l'adoption des
amendements qui entrent alors en vigueur à des dates
prédéterminées.

La Convention MARPOL comprenait cinq annexes[108],
jusqu'à l'élaboration en 1997 d'un nouveau protocole
obligatoire par les Parties « *reconnaissant qu'il est
nécessaire de prévenir et de contrôler la pollution de
l'atmosphère par les navires* et *rappelant le principe 15 de
la Déclaration de Rio sur l'environnement et le
développement qui préconise d'appliquer une approche de
précaution[109]* ». L'annexe VI fixe ainsi 9 règles visant à

---

[107] Grâce l'article 16-2.f) iii : « un amendement (...) est réputé
avoir été accepté à l'expiration d'un délai qui est fixé par
l'organe compétent lors de son adoption (...) à moins qu'une
objection n'ait été communiquée (...) par 1/3 au moins des
Parties ou par des parties dont les flottes marchandes
représentent au moins 50% du tonnage brut (...) mondial
des navires de commerce ».

[108] En 1997 figurent les 5 annexes suivantes : Annexe I :
Hydrocarbures, Annexe II : Substances liquides nocives
transportées en vrac (produits chimiques par exemple),
Annexe III : Substances nuisibles transportées par mer en
colis (citernes et conteneurs par exemple), Annexe IV : Eaux
usées, Annexe V : Ordures

[109] Ce protocole fait suite à la CPATLD de 1979, au Protocole
de Montréal de 1987 (Traité international relatif à

limiter l'émissions d'oxydes de soufre et d'azote en prévoyant notamment des zones de contrôle des émissions (ZCE), et à interdire les émissions délibérées de substances qui appauvrissent la couche d'ozone[110].

Nonobstant le succès très relatif du protocole[111] qui n'est entré en vigueur qu'en 2005[112], l'annexe VI de la convention MARPOL adoptée en 1997 a été symboliquement très importante car elle a positionné l'OMI en tant qu'institution gérant toutes les formes de pollutions issues du transport maritime[113]. Cette reconnaissance permet à l'OMI d'être désignée la

____

[111] L'exposé des motifs du projet de loi autorisant l'adhésion au protocole de 1997 par la France précise que l'entrée en vigueur de l'annexe VI est longtemps restée compromise par le faible nombre d'adhésion, alors que « *nombre d'États, dont la France, estimaient peu fondées scientifiquement les craintes concernant le volume des rejets toxiques dans l'atmosphère* ». Il ajoute que « *les choses ont évolué en 2000 lorsque, afin d'harmoniser et de renforcer la cohérence des positions des États membres dans les autres enceintes environnementales (protocoles de Montréal et de Kyoto, en particulier), la Commission européenne a souhaité que les treize pays européens non signataires rejoignent le Danemark et la Suède, en invitant les États membres à adhérer au protocole de 1997* ».

[112] D'après l'article 6 du protocole, l'entrée en vigueur se faisait 12 mois après la date à laquelle au moins 15 États dont les flottes marchandes représentant au total au moins 50% du tonnage brut de la flotte mondiale des navires de commerce sont devenus Parties.

[113] S. GAMBARDELLA, « la stratégie de réduction des émissions maritimes internationales de GES après l'Accord de Paris », *Revue juridique de l'environnement*, 2017, n° spécial, p.203.

même année lors du Protocole de Kyoto[114] comme l'organisation compétente en matière de gestion de la réduction des émissions maritimes de GES, au même titre que l'Organisation de l'aviation civile internationale (OACI) pour les émissions de l'aviation civile[115]. Cette

---

[114] Le protocole de Kyoto adopté en 1997 lors de la COP3 des pays ayant ratifié la CCNUCC, met en œuvre l'objectif de stabiliser les concentrations de GES à un niveau qui empêche toute perturbation anthropique dangereuse du système climatique ». Il impose de plus lourds objectifs aux pays développés, soit 38 pays industrialisés regroupés dans son annexe B (qui sont pratiquement les mêmes que ceux de l'annexe 1 de la CCNUCC sans Biélorussie ni Turquie mais avec la Croatie, le Liechtenstein, Monaco et la Slovénie). Ces pays ont des engagements chiffrés pour une réduction globale de 5,2 % des émissions moyennes de CO2 sur la période 2008-2012 par rapport aux niveaux de 1990, selon le principe des responsabilités communes mais différenciées, en raison de leur responsabilité historique sur les niveaux actuels des gaz à effet de serre dans l'atmosphère. Le protocole est entré en vigueur en 2005 après la ratification par la Russie (il devait être ratifié par 55 pays et les Parties de l'Annexe I ratifiant le Protocole devaient représenter au moins 55 % des émissions de GES de l'ensemble des Parties visées par cette Annexe, sur la base des émissions calculées en 1990).

[115] Article 2.2 du Protocole de Kyoto :« Les Parties visées à l'annexe I cherchent à limiter ou réduire les émissions de gaz à effet de serre non réglementés par le Protocole de

désignation repose sans doute sur des raisons politiques mais aussi sur des raisons techniques. En effet, les objectifs de réduction des émissions de GES sont assis sur un système de comptabilisation de ces émissions. Or, il est techniquement compliqué pour les États de comptabiliser les émissions maritimes, notamment celles du transport international, dans les inventaires nationaux[116]. L'OMI semblait alors pouvoir construire les outils nécessaires dès 1997, pourtant aucune règle ne voit le jour avant 2011.

Dans les faits, une coopération s'est mise en place avec la CCNUCC et l'organe subsidiaire de conseil scientifique et technologique (SBSTA). Cependant, l'OMI refuse d'appliquer le principe de responsabilités communes mais différenciées des États (CBDR), principe fondamental du droit du climat[117], auquel elle

---

Montréal provenant des combustibles de soute utilisés dans les transports aériens et maritimes, en passant par l'intermédiaire de l'Organisation de l'aviation civile internationale et de l'Organisation maritime internationale, respectivement. »

[116] S. GAMBARDELLA, *op.cit.*, note 113, p.204.

[117] La compétence de l'OMI en matière de GES ayant été attribuée par le Protocole de Kyoto, le principe CBDR devrait s'appliquer, selon certains Etats (voir article de Sophie Gambardella).

oppose le principe historique d'égalité de traitement[118]. L'OMI s'autonomise ainsi dans le « processus climat » pour ne pas jouer un simple rôle « d'outil » ou « expert[119] de la CCNUCC. Mais ces négociations ont pris du temps. Le parti pris de l'OMI sur le maintien à tout prix de l'égalité de traitement face à un phénomène climatique largement inégalitaire (nombre d'États en développement étant parmi les plus vulnérables) n'est d'ailleurs pas sans poser question, mais les réponses ne sont pas si simples. D'un côté, le principe de responsabilités différenciées permettrait d'instaurer des mécanismes de marché dont nous discuterons les résultats plus loin. En revanche, une réglementation différenciée selon le pavillon inciterait les navires à s'affilier davantage à des pays non membres de l'Annexe 1[120]. Cependant, comme l'ont souligné les Parties à la discussion de la 58ème session

---

[118] Affirmation de la sous-division juridique de l'OMI lors du MEPC, 58è session, 2008, MEPC58/4/20 – selon Sophie Gambardella (le document ne semble plus disponible en ligne).
[119] S. GAMBARDELLA, *op.cit.*, note 113, p.205.
[120] Michel SAVY et al., *Le fret mondial et le changement climatique, perspectives et marges de progrès*, Centre d'analyse stratégique, 2010,
https://www.ladocumentationfrancaise.fr/var/storage/rapports-publics/104000665.pdf

du MEPC[121], les ¾ de la flotte marchande sont déjà immatriculés en dehors des pays de l'Annexe I de la CCNUCC : une réglementation uniquement applicable aux pays de l'Annexe I n'aurait donc qu'une efficacité réduite. Conséquence de ces dissensions, l'OMI n'adopte aucune réglementation sur les émissions de GES jusqu'en 2011. En revanche, elle fait travailler des experts sur le sujet, instaure des groupes de travail intersession, et produit deux études successives[122] pour évaluer la contribution du transport maritime à l'effet de serre et proposer des mesures de gestion.

En parallèle, l'Annexe VI MARPOL, entrée en vigueur le 19 mai 2005, est entièrement réécrite[123] par la résolution MEPC 176(58) du 10 octobre 2008, et entre en vigueur le 1er juillet 2010[124]. Elle intègre désormais

---

[121] Le résumé de cette 58ème session est disponible au lien suivant :
http://www.imo.org/en/MediaCentre/MeetingSummaries/MEPC/Archives/Pages/default.aspx

[122] K.O. SKJØLSVIK et al, *Study of greenhouse gas emissions from ships, Final report to International Maritime Organization*, Trondheim, Marintek, 2000 et Ø. BUHAUG et al, *Second GHG Study 2009*, Londres, International Maritime Organisation, 2009, 220 p.

[123] Elle contient dorénavant 25 règles et 8 appendices.

[124] M. MORIN, « La pollution de l'air par les navires : la fracture atmosphérique de la latitude 48°30' en Atlantique

une réduction progressive de la teneur en oxydes de soufre et d'azote des émissions maritimes notamment par l'abaissement de la teneur en soufre du combustible[125] et le respect d'émissions d'oxydes d'azote des moteurs, et instaure la zone de contrôle des émissions de la Manche/Mer du Nord. En juillet 2011, l'Annexe VI de la convention MARPOL est révisée par la résolution MEPC.203(62)[126] pour intégrer des dispositions techniques relatives à l'efficacité énergétique des navires, que nous détaillerons plus loin. La mise en place d'un outil de marché a finalement été écartée au vu du principe d'égalité de traitement incompatible avec un traitement différencié. Par ailleurs, l'adoption et l'entrée en vigueur d'une nouvelle annexe MARPOL serait soumise aux procédures qui régissent l'adoption et l'entrée en vigueur d'un

---

Nord-Est », *Neptunus, e.revue*, 2017, mars, vol 23, p.8, https://cdmo.univ-nantes.fr/neptunus-e-revue/annees-2010/annees-2010-2196585.kjsp?RH=1339768045590 [consulté le 10 décembre 2018].

[125] de 4,5% à 3,5 puis 0,5% à partir de janvier 2020 sous condition de disponibilité du combustible.

[126] Resolution MEPC.203(62) adopted on 15 july 2011-Amendments to the annex of the protocol of 1997 to amend the international convention for the prevention of pollution from ships, 1973, as modified by the protocol of 1978 relating thereto (Inclusion of regulations on energy efficiency for ships In MARPOL Annex VI).

amendement à un article de la Convention (art. 5 de MARPOL), soit une procédure longue[127]. L'utilisation de l'Annexe VI MARPOL est donc une modalité « pratique » qui répond à une certaine logique puisqu'il s'agit bien de mesures techniques concernant la pollution atmosphérique. Le contenu de ces dispositions a pour ambition d'une part de stimuler la construction de navires moins polluants, en fixant un niveau énergétique à atteindre permettant aux navires d'être 30% plus efficace en 2025 qu'en 2014, et d'autre part, de permettre un suivi de l'efficacité énergétique des navires grâce à un plan de gestion tenu à bord[128].

Ces dispositions sont cependant jugées insuffisantes par l'UE qui adopte le règlement 2015/757 le 29 avril 2015 concernant la surveillance, la déclaration et la vérification des émissions de dioxyde de carbone du secteur du transport maritime.

§2. La concurrence de l'Union européenne : moteur de la dynamique internationale

L'Union Européenne (UE) a clarifié ses compétences dans le traité de Lisbonne en 2007. L'environnement et les transports sont ainsi des compétences partagées

---

[127] 2/3 des Parties représentant 50% de la flotte marchande mondiale doivent accepter l'amendement pour une entrée en vigueur 6 mois plus tard.
[128] S. GAMBARDELLA, *op.cit.*, note 113, p.208.

(art. 3 TFUE) avec les États membres. Le principe de subsidiarité[129] trouve à s'appliquer dans la question de la pollution atmosphérique en raison du caractère transfrontalier de celle-ci. La sécurité maritime quant à elle, est devenue « *une compétence externe exclusive de l'Union, en raison d'une compétence interne suffisante, mais l'UE ne peut l'exercer que par l'intermédiaire des États membres[130]* ». C'est donc le Conseil européen qui autorise les États membres à signer les Conventions de l'OMI.

L'UE s'est attaché à la question de la pollution de l'air dès les années 1980 en approuvant la CPATLD et ses protocoles successifs[131]. Concernant la pollution

---

[129] TUE, art. 5.3.

[130] P. CHAUMETTE, « Construction du droit maritime de l'Union Européenne », in *Droits maritimes : 2015/2016,* Paris, Dalloz, 3. éd., 2014, p. 196.

[131] Décision 81/462/CEE concernant la conclusion de la convention sur la pollution atmosphérique transfrontière à longue distance, puis protocole de 1984 sur le financement à long terme du programme de coopération pour la surveillance continue et l'évaluation du transport à longue distance des polluants atmosphériques en Europe (EMEP); protocole de 1985 sur la réduction des émissions de soufre ou de leurs flux transfrontières d'au moins 30 pour cent; protocole de 1988 relatif à la lutte contre les émissions d'oxydes d'azote ou leurs flux transfrontières; protocole de 1991 relatif à la lutte contre les émissions de composés

atmosphérique issue des navires, l'UE a adopté dès 1999 une directive sur la teneur en soufre des combustibles[132]. Mais elle n'intégrait par le fuel-oil lourd parmi les combustibles ciblés, ce qu'elle a rattrapé en modifiant la directive 1999/32 par la directive 2005/32, et en intégrant une spécificité pour les navires à passagers assurant des services réguliers, pour lesquels la teneur en soufre ne doit pas dépasser 1,5%[133]. C'est cette spécificité qui a été à l'origine d'une question préjudicielle auprès de la Cour de Justice de l'Union Européenne (CJUE). En effet, l'UE n'est pas partie à la convention MARPOL. Il n'y a donc pas d'accord international conclu par l'UE qui primerait sur le droit communautaire dérivé, ce qui signifie que la CJUE ne peut contrôler la validité du droit dérivé de l'UE au regard du droit international contenu dans la convention MARPOL[134]. Ainsi les normes européennes issues de directives protégeant l'environnement

---

organiques volatils ou leurs flux transfrontières; protocole de 1994 sur une nouvelle réduction des émissions de soufre; protocole de 1998 sur les métaux lourds; protocole de 1998 sur les polluants organiques persistants; et protocole de 1999 relatif à la réduction de l'acidification, de l'eutrophisation et de l'ozone troposphérique (également connu sous le nom de protocole de Göteborg).

[132] Directive 1999/32 du 26 avril 1999.

[133] M. MORIN, *op. cit.*, note 124, p.9.

[134] P. CHAUMETTE, *op. cit.*, note 130, p. 198.

peuvent être plus exigeantes que MARPOL[135], les normes de MARPOL n'étant pas reconnues comme coutumières.

Ce n'est qu'en 2012 que l'UE adopte la directive 2012/33[136] qui met en cohérence la réglementation européenne avec celle de l'OMI concernant les émissions soufrées des navires (les taux de 1% dans les ZCE et de 3,5% en-dehors étaient applicables). A cette subtilité près que la date du 1er janvier 2020 pour l'application du taux de 0,5% de teneur en soufre en-dehors des ZCE n'est pas soumis à une clause de disponibilité du combustible. Une nouvelle manière

---

[135] Il convient de souligner que dans l'affaire Manzi et Compagnia Naivera Orchestra (CJUE, aff. C-537/11, 23 janvier 2014), l'UE n'est pas liée par l'accord international (MARPOL) et seuls certains États membres de l'UE sont parties contractantes (25 États membres car la République tchèque, l'Autriche et la Hongrie ne sont pas partie au protocole de 1997). Si tous les États membres étaient Parties à l'annexe VI MARPOL dont il est question, la CJUE juge que « la circonstance que tous ses États membres sont des parties contractantes à celui-ci est susceptible d'avoir des conséquences pour l'interprétation du droit de l'Union, notamment, des dispositions du droit dérivé qui entrent dans le champ d'application d'un tel accord. »
[136] La directive 1999/32 modifiée par la 2005/33 et 2012/33 a été finalement codifiée dans une dernière directive 2016/802.

d'obliger l'OMI à mettre en œuvre cette norme sans la repousser à 2025 comme cela semblait possible selon la rédaction de MARPOL. Finalement, l'OMI confirme cette date du 1er janvier 2020 lors de la 70ème session du MEPC en octobre 2016[137].

En matière de climat, l'UE et ses 28 États membres sont signataires de la CCNUCC ainsi que du protocole de

---

[137] Un consortium international dirigé par CE Delft a achevé une étude en 2016, soumise au MEPC 70, qui a conclu que le secteur des raffineries avait la capacité de fournir des combustibles marine ayant une teneur en soufre égale ou inférieure à 0,50 % m/m et une teneur en soufre égale ou inférieure à 0,10 % en quantités suffisantes pour répondre à la demande de ces produits, tout en satisfaisant également à la demande de combustibles non marins. Pour autant plusieurs États membres et ONG ont manifesté leurs réserves à ce sujet. BIMCO et IPIECA ont communiqué des résultats différents de l'évaluation réalisée par CE Delft, à savoir notamment que le secteur mondial du raffinage n'aurait pas la capacité suffisante en 2020 concernant des installations de soufre pour satisfaire pleinement au plafond mondial fixé pour la teneur en soufre. IBIA exposait les problèmes qui pourraient survenir si l'on tentait de passer du jour au lendemain du plafond actuel de 3,50 % pour la teneur en soufre à 0,50 % et proposait des moyens de faciliter une transition plus souple tout en conservant les avantages fixés par la règle (source : AFCAN - https://www.afcan.org/dossiers_reglementation/mepc70.html).

Kyoto et de l'Accords de Paris de 2015. L'UE est donc compétente pour agir sur les émissions de GES sauf pour les émissions issues des transports aériens et maritimes puisque leur gestion a été confiée respectivement à l'OACI et l'OMI par le protocole de Kyoto. L'UE a construit un instrument majeur pour réduire ses émissions, qui est le système d'échange de quotas d'émissions (SEQE-UE), lancé en 2005 afin de créer un marché européen du carbone et de réduire de 43% les émissions en 2030 par rapport à 1990[138]. Bien qu'excluant le transport maritime international, le SEQE y fait pourtant référence. Ainsi le considérant (3) de la directive 2009/20/CE du 23 avril 2009 sur l'amélioration du SEQE énonce que tous les secteurs de l'économie doivent contribuer à réaliser les réductions d'émissions, y compris le transport maritime international et le transport aérien[139]. L'UE exerce donc une pression sur

---

[138] Accord du Conseil Européen des 23 et 24 octobre 2014 sur le cadre d'action en matière d'énergie et climat, EUCO 169/14CO EUR 13, CONCL 5. Ce marché couvre environ 45% des émissions de GES de l'Europe soit environ 12 000 sites industriels, mais ne couvre pas tous les secteurs : transports, construction, agriculture et déchets sont exclus. Pour les transports maritimes, c'est en effet l'OMI qui doit servir d'intermédiaire.

[139] Directive 2009/20/CE du 23 avril 2009, considérant (3) « En l'absence d'accord international, d'ici au 31 décembre 2011, qui inclurait dans ses objectifs de réduction les émissions

l'OMI. Le livre blanc[140] sur les transports, publié par la Commission européenne en 2011, instaure d'ailleurs l'objectif suivant (article 2.6) : « *réduire de 40% (si possible 50 %) les émissions de CO2 de l'UE provenant des combustibles de soute dans le transport maritime, pour 2050* ». La question des prix qui joue un rôle fondamental sur le système des transports est étudiée dans ce livre blanc : l'internalisation des externalités négatives telles que la pollution atmosphérique par un système soit de taxation de l'énergie, soit de droits d'émission est évoquée, et, dans l'article 60 « *l'UE presse l'Organisation maritime internationale de prendre une décision sur un instrument international applicable au transport maritime, pour lequel les coûts du changement climatique ne sont pas*

____

provenant du transport maritime international et serait approuvé par les États membres dans le cadre de l'Organisation maritime internationale ou par la Communauté dans le cadre de la CCNUCC (...) il conviendrait que la Commission présente une proposition visant à inclure les émissions du transport maritime international, selon des modalités harmonisées, dans l'objectif communautaire de réduction en vue de l'entrée en vigueur de l'acte proposé d'ici à 2013 »

[140] Livre Blanc - Feuille de route pour un espace européen unique des transports – Vers un système de transport compétitif et économe en ressources, Bruxelles, 28 mars 2011, COM (2011) 144 final.

internalisés pour le moment ». Les avantages fiscaux liés à l'exonération de TVA et de taxe énergétique du transport maritime sont remis en question.

Une communication de l'UE du 28 juin 2013[141] insiste sur l'importance des émissions issues du transport maritime, et sur l'intérêt d'un instrument basé sur le marché (MBM : market-based measures) tout en reconnaissant toujours la compétence de l'OMI sur la gestion des émissions maritimes. La nécessité de construire au préalable un système robuste et harmonisé de suivi, rapportage et vérification (Monitoring Reporting Verification : MRV) est soulignée pour la mise en œuvre de la règle 18 de l'Annexe VI MARPOL. Celle-ci oblige les navires de jauge supérieure à 400 à conserver les notes d'approvisionnement en fuel-oil lors des navigations internationales, ce qui permet de suivre la consommation de carburant – mais le processus de rapportage et de vérification n'est pas mis en place, ce qui met en cause pour l'UE la fiabilité des informations collectées et qui provoque l'adoption du règlement 2015/757. Celui-ci reprend dans son

---

[141] COM (2013) 479 final, Communication from the commission to the European Parliament, the Council, the European Economic and Social Committee and the Committee of the Regions - Integrating maritime transport emissions in the EU's greenhouse gas reduction policies, 28 juin 2013.

considérant(1) les éléments de la directive 2009/29/CE, agitant toujours l'idée d'inclure les émissions du transport maritime international dans l'objectif communautaire. L'UE s'appuie sur une étude d'impact montrant que la part des émissions de CO_2 produites par le transport maritime international a augmenté de 48% entre 1990 et 2007 et appuie sur l'intérêt écologique et économique que présente l'instauration d'un système MRV : une réduction des émissions de 2% des émissions de GES par rapport à une situation inchangée, des économies nettes jusqu'à 1,2 milliard d'euros d'ici 2030 en éliminant notamment les obstacles commerciaux liés au manque d'information. Le système MRV s'applique à tous les navires de jauge supérieure à 5000 quel que soit leur pavillon, entreprenant un voyage entre, au départ ou à destination d'un port relevant de la juridiction d'un État membre[142]. La comptabilisation doit être effectuée par voyage, afin de fiabiliser les données trop imprécises si l'on ne considère que les ventes de combustible. Seul le CO_2 est à prendre en compte. A compter du 1er janvier 2018, les compagnies doivent surveiller les émissions de CO_2 de leurs navires (article 8), et présenter à partir de 2019, pour chaque 30 avril, une déclaration de leurs émissions à la Commission et aux autorités de l'État du

---

[142] Soit 55% des navires faisant escales dans les ports de l'UE, responsables de 90% des émissions de GES.

pavillon concerné (article 11). Les informations nominatives seront mises à la disposition du public par la Commission le 30 juin (article 21).

En réaction, l'OMI adopte le 28 octobre 2016 la résolution MEPC.278(70) qui amende l'Annexe VI MARPOL en ajoutant notamment la règle 22 A : Collecte et notification des données relatives à la consommation de fuel-oil lourd du navire. Suivant le même objectif que l'UE, l'OMI exige à son tour de chaque navire de jauge brute supérieure à 5000 de collecter les données concernant sa consommation de fuel-oil lourd en fonction de la distance parcourue et des heures en route. Un rapport annuel sera constitué par le Secrétaire général de l'OMI, qui conservera l'anonymat des contributeurs, et permettra d'alimenter une base de données gérée par l'OMI. Ces systèmes de collecte de données présentent des différences fondamentales en matière de transparence – ce qui ne permet pas à ce jour, de fondre les 2 démarches en une seule[143]. En

---

[143] Toutefois, l'article 22 du règlement MRV de l'UE prévoit que le système MRV puisse être revu pour être mis en adéquation avec un accord international si celui-ci voit le jour. Une proposition de modification du règlement 2015/757 a donc été émise le 4 février 2019 (COM(2019)38 final), mais elle maintient le principe d'une publication des données de chaque navire et refuse l'anonymisation des informations.

parallèle de cet amendement de l'Annexe VI, le MEPC approuve une feuille de route 2017-2023, visant à construire une stratégie de l'OMI pour lutter contre les émissions maritimes de GES, juste avant l'entrée en vigueur de l'Accord de Paris, 1er accord sur le climat juridiquement contraignant adopté par 195 pays[144].

En février 2017, lors de l'adoption en 1ère lecture d'amendements à la proposition de directive du Parlement et du Conseil européens pour réformer le système de marché carbone pour 2021-2030, le Parlement européen ajoute un paragraphe relatif aux émission maritimes de CO2, par lequel il reconnait les efforts de l'OMI sur la gestion des émissions maritimes de CO2 mais pose un ultimatum. Si l'OMI n'a pas conclu un accord qui fixe des objectifs clairs de réduction des émissions de CO2 d'ici fin 2021, le secteur du transport maritime sera inclus dans le système du marché carbone européen[145].

---

[144] Notamment grâce à la ratification de l'accord par l'Union Européenne le 5 octobre 2016.

[145] C 252/352 du 15 février 2017, Amendement 5, considérant 2 quater : L'adoption d'objectifs clairs de réduction des émissions maritimes internationales sous l'égide de l'OMI est désormais une question urgente et c'est à cette condition que l'Union européenne peut s'abstenir d'agir pour inclure le secteur maritime dans le cadre du SEQE de l'UE. Si, cependant, un tel accord n'est pas conclu avant la fin de 2021, le secteur devrait être inclus dans le SEQE de l'UE.

En avril 2018, la 72ème session du MEPC à l'OMI aboutit alors le 13 avril 2018 à la résolution MEPC.304(72) par laquelle le MEPC adopte la « *Stratégie initiale de l'OMI pour la réduction des émissions de GES des navires* ». Celle-ci concrétise enfin un niveau d'ambition de la part du transport maritime international : réduire les émissions de CO2 de 40% d'ici 2030 et poursuivre les efforts jusqu'à 70 % d'ici 2050, comparé à 2008. Les émissions de GES doivent être divisées par 2 d'ici 2050 comparé à 2008. Les principes appliqués à cette stratégie initiale sont mis sur un pied d'égalité : non-discrimination et égalité de traitement, sont posés au même titre que les responsabilités communes mais différenciées, ce qui laisse supposer pour l'avenir les mêmes difficultés de négociations que celles vécues depuis 20 ans.

Le cadre créé par l'OMI a réussi à faire adopter par la quasi-totalité de la flotte marchande (96,70%) l'Annexe VI de la convention MARPOL qui impose des normes de réduction de la teneur en soufre des combustibles, des niveaux d'émission d'oxydes d'azote des moteurs, des zones de contrôle des émissions, une optimisation de l'efficacité énergétique des navires et une collecte des données de consommation de combustible. Il s'agit d'un pas significatif.

L'UE ne se prive pas d'adopter des directives plus contraignantes que les normes conventionnelles en matière d'émissions d'oxydes de soufre[146] même si elle doit passer par l'intermédiaire de l'OMI, et donc par ses États membres, pour faire adopter des règles de droit. Face à la lenteur de l'OMI, l'UE exerce une pression pour faire émerger des instruments juridiques sur la question climatique utilisant même un règlement au

---

[146] L'intervention de l'UE auprès du transport maritime international reste plus limitée sur la question des autres polluants atmosphériques. Par la directive 2016/2284 du 14 décembre 2016, l'UE souhaite réduire les risques sanitaires et les impacts environnementaux de la pollution atmosphérique en fixant des engagements de réduction des émissions nationales. Elle s'inscrit dans le programme « Air Pur pour l'Europe (Clean Air Package) engagé depuis 2013 suite au Protocole de Göteborg. Elle couvre 5 polluants atmosphériques dont le SO2, les NOX et les PM et impose l'établissement de programmes nationaux de lutte contre la pollution atmosphérique à partir du 1er avril 2019. Le transport maritime international est expressément exclu mais le transport maritime intérieur (or Départements d'Outre-mer) fait partie des secteurs visés. Ainsi, seuls les oxydes de soufre ont retenu l'attention des directives européennes et seuls certains espaces de l'UE sont reconnus en tant que zone de contrôle des émissions, poussant certains auteurs à se questionner sur l'inégalité de traitement entre les citoyens créée par cette situation (Michel MORIN, « La pollution de l'air par les navires : la fracture atmosphérique de la latitude 48° 30' en Atlantique Nord-Est », *Neptunus*, e.revue, vol 23, mars 2017).

caractère immédiat et uniforme pour l'ensemble des compagnies maritimes[147]. Par ce jeu d'aller-retour entre l'UE et l'OMI, des règles de droit prennent forme.

Les objectifs de réduction des émissions de GES sont adoptés, quant à eux, par une résolution du MEPC. Ce comité n'est pas statutairement habilité à imposer des résolutions obligatoires aux membres de l'OMI[148], il ne s'agit donc pas véritablement d'un acte de droit dérivé, et en droit strict, les États membres ne sont obligés à rien[149], ni à l'appliquer, ni même à tenir compte de son existence. Pour autant, cet acte non-conventionnel, cette recommandation, permet à l'OMI d'inviter ses membres à adopter un comportement déterminé[150]. L'exécution ou le refus d'exécution d'une telle résolution ne serait pas juridiquement indifférent : en l'acceptant, l'État remplit ses obligations en tant que membre de l'OMI. Un refus devrait sans doute être appuyé par une argumentation de fait ou de droit

---

[147] L. FEDI, « La surveillance, la déclaration et la vérification des émissions de CO2 du transport maritime », *Droit Maritime Français*, 2017, janvier, n°787, p. 10.

[148] N. CLARENC BICUDO, *op.cit.*, note 99, p. 377.

[149] M. VIRALLY, « la valeur juridique des recommandations des organisations internationales », Annuaire Français de Droit International, 1956, p.83, https://www.persee.fr/doc/afdi_0066-3085_1956_num_2_1_1226 [consulté le 11 avril 2019].

[150] Idem.

valable, acceptable par l'OMI[151]. Ainsi la résolution MEPC.304(72) semble constituer un engagement collectif fort de la part des États membres. Qu'en est-il des engagements individuels des États ?

____

[151] L'OMI aurait cependant peu de possibilité de sanction envers cet État : l'exclusion de celui-ci doit être prononcée par l'Assemblée des Nations Unies et la suspension de son droit de vote est uniquement envisagée lorsque les engagements financiers d'un État ne sont pas honorés. Voir la thèse d'Hélène LEFEBVRE-CHALAIN, La stratégie normative de l'Organisation maritime internationale, 2010.

La CNUDM précise les droits et les obligations des États selon un découpage des océans en différentes zones maritimes. Ratifiée par 168 États, elle présente une partie XII « Protection et préservation du milieu marin » qui attribue aux États une obligation de protéger et préserver le milieu marin (art. 192) en prenant toutes les mesures compatibles pour prévenir, réduire et maîtriser la pollution (art. 194). La pollution atmosphérique entre dans la définition de la pollution présentée dès l'article 1er de la CNUDM[152] comme « une introduction indirecte dans le milieu marin » puisqu'il s'agit d'un rejet dans l'atmosphère de substances qui vont avoir un impact sur le milieu marin[153] et sur la

---

[152] CNUDM, article 1er : « l'introduction directe ou indirecte par l'homme, de substance ou d'énergie dans le milieu marin (...) lorsqu'elle a ou peut avoir des effets nuisibles tels que dommages aux ressources biologiques et à la faune et la flore marines, risques pour la santé de l'homme, entrave aux activités maritimes y compris la pêche (...) et les autres utilisations légitimes de la mer, altération de la qualité de l'eau de mer du point de vue de son utilisation et dégradation des valeurs d'agrément».

[153] L'impact des émissions de GES sur l'acidification des océans dont les eaux deviennent corrosives pour les organismes calcaires a été démontré (voir J-P Gattuso et

santé de l'homme. La partie XII de la CNUDM précise dans sa section 5 la « réglementation internationale et droit interne visant à prévenir, réduire et maîtriser la pollution du milieu marin ». S'y trouvent les articles 212 et 222 qui ont trait à « la pollution d'origine atmosphérique ou transatmosphérique » et attribuent les compétences à l'Etat du pavillon, l'Etat côtier et l'Etat du port. On observe un renforcement de la compétence traditionnelle de l'Etat du pavillon par l'intervention du droit interne (**§1**) et une mise en œuvre extensive des compétences de l'Etat côtier et de l'Etat du port (**§2**).

§1. Le renforcement de la compétence principale de l'Etat du pavillon par le droit interne

I.   La compétence principale traditionnellement attribuée par la CNUDM

Au-delà de la mer territoriale, c'est la juridiction de l'État du pavillon qui s'applique sur le navire. L'article 211.2 de la CNUDM précise dans un énoncé très normatif que les lois et règlements que les États doivent adopter pour prévenir, réduire et maîtriser la pollution du milieu

Alexandre K. Magnan, « Risques liés aux changements climatiques », in *L'océan à découvert*, CNRS édition, 2017, p. 222). Peu de publications, en revanche, évoquent l'effet des émissions des autres polluants sur le milieu marin.

marin par les navires battant leur pavillon « *ne doivent pas être moins efficaces que les règles et normes internationales généralement acceptées*[154], *établies par l'intermédiaire de l'organisation internationale compétente (..)* ». Un État Partie à la Convention MARPOL doit s'engager à donner effet aux dispositions des annexes auxquelles il est lié (règle 1 de la Convention) et donc appliquer dans son ordre interne les règles internationales adoptées au sein de l'OMI. Ce n'est que par la loi n°2005/109 du 11 février 2005 que la France adhère au protocole de 1997 de la convention MARPOL. Les amendements successifs sont ensuite publiés par décrets et transposés dans la division 213 et les textes des amendements sont publiés au Journal Officiel[155].

---

[154] Le terme « généralement accepté » fait référence à des règles devenues coutumières : celles liées à la pollution présentent souvent une complexité technique qui rend leur caractère difficilement coutumier même si le principe de la prévention de la pollution l'est.

[155] Suite au décret n°84-810 du 30 août 1984 modifié relatif à la sauvegarde de la vie humaine en mer, à l'habitabilité à bord des navires et à la prévention de la pollution, le Secrétariat d'État à la mer prend un arrêté du 23 novembre 1987, et y annexe un règlement qui précise les dispositions techniques auxquelles doivent satisfaire les navires et leurs équipements. Dans son chapitre 213, appelé division 213, la France transpose les règles de l'OMI relatives à la prévention de la pollution – les règles de la convention MARPOL. Les

Les États membres de l'UE doivent, de plus, transposer[156] les directives européennes applicables en la matière[157]. En France, la directive 2012/33[158] qui devait être transposée au plus tard le 18 juin 2014 a été transposée avec retard par l'ordonnance n°2015-1736 du 24 décembre 2015. C'est dans la division 213 que se trouvent les normes européennes qui doivent être respectées en sus des normes internationales. Le règlement 2015/757 s'applique quant à lui directement aux compagnies maritimes – charge à l'État du pavillon d'en vérifier la bonne application. A la différence de la collecte et notification des données relatives à la

____

amendements successifs de la convention MARPOL sont alors repris dans cette division 213 par la publication d'arrêtés successifs (plus de 25 depuis 2003).

[156] La primauté du droit européen s'impose sur toutes les normes de droit interne. La pollution atmosphérique étant de la compétence de l'Union, il n'est pas possible pour un État membre d'adopter d'autres règles ou normes que celles qui donnent effet aux directives concernées.

[157] Aujourd'hui la directive 2016/802 concernant la réduction de la teneur en soufre de certains combustibles liquides qui codifie à droit constant la directive 1999/32 modifiée en 2005 puis 2012.

[158] La directive 2016/802 quant à elle, n'indique pas de date d'échéance de transposition en droit interne mais elle n'amène pas de nouvelles règles puisqu'elle codifie à droit constant.

consommation du fuel-oil lourd du navire institué par l'OMI qui figure à l'article 213.06.22A de la vision 213, le système MRV institué par l'UE est reporté dans la division 120 « liste des titres et certificats », dans le chapitre 2 portant sur la liste des titres et certificats requis pour les navires effectuant une navigation internationale, à l'article 120.11.3[159] et dans le chapitre 3 relatif aux navigations nationales. Le « document de conformité » lié à l'article 2 du règlement 2015/757 « *est délivré, au plus tard le 30 juin 2019, par un organisme dit " vérificateur ", entité juridique accréditée par un organisme national d'accréditation (...)* ». Il y a bien à ce jour 2 systèmes de surveillance des émissions de GES des navires, qui, pour simplifier les choses, ne sont pas retranscrits dans la même division réglementaire française.

Ainsi, les règles internationales et européennes s'il est Etat membre de l'UE sont techniques et détaillées. Les marges de manœuvre sont faibles pour l'État du pavillon qui reste très contrôlé par les règles de la concurrence de l'UE. La question se pose-t-elle d'ailleurs réellement d'ailleurs, dans la mesure où renforcer les critères environnementaux auxquels il soumet

---

[159] Titres et certificats délivrés au titre du règlement n°2015/757 concernant la surveillance, la déclaration et la vérification des émissions de dioxyde de carbone du secteur du transport maritime.

l'attribution de sa nationalité risque de diminuer l'attractivité du pavillon de l'Etat en question ?

Par l'article 217 de la CNUDM, l'État du pavillon a une obligation de contrôle liée à la délivrance des certificats délivrés en application des règles et normes internationales. Au titre de l'Annexe VI MARPOL, trois certificats[160] doivent être délivrés en matière de

---

[160] Le certificat international de prévention de la pollution de l'atmosphère (IAPP) : Ce certificat est délivré après une visite initiale avant la mise en service du navire, puis sera renouvelé tous les 5 ans, avec une visite intermédiaire qui vérifie la conformité du système et son « bon état de marche » en 2ème ou 3ème année après la délivrance du certificat initial. Une visite annuelle sera effectuée afin de vérifier la conformité du système, ainsi qu'une visite supplémentaire en cas de réparations ou rénovations importantes. Ce certificat valide la conformité du navire au regard des émissions de SOx, de NOx, de substances appauvrissant la couche d'ozone, de composés organiques volatils et d'incinération à bord.
Le certificat international relatif au rendement énergétique (IEE) : L'EEDI est vérifié par l'État du pavillon ou par un organisme dûment autorisé par elle (une société de classification). Cette vérification a lieu en 2 temps : une vérification des calculs théoriques de conception, puis une vérification lors des essais de neuvage afin de vérifier que la courbe de puissance du navire correspond à celle prévue lors du chantier. Cette double vérification permet à l'État du

prévention de la pollution atmosphérique selon des règles définies au chapitre 2 de la convention MARPOL. Le certificat international de prévention de la pollution de l'atmosphère (IAPP) et le certificat relatif au rendement énergétique (IEE) font l'objet d'une certification généralement déléguée aux sociétés de classification. La déclaration de conformité-notification de la consommation de fuel-oil lourd est réalisée directement par la Compagnie maritime auprès de son administration, sans vérification préalable. Ces certificats sont opposables aux autres parties. A ces certificats, s'ajoute le document de conformité MRV[161]

---

pavillon de délivrer le certificat de rendement énergétique (IEE), obligatoire pour tout navire de jauge brute > 400 effectuant des voyages internationaux.
<u>La déclaration de conformité - Notification de la consommation de fuel-oil</u> : Les données de cette partie II du SEEMP doivent être reçues par l'administration (l'Etat du pavillon du navire) qui doit déterminer si elles sont conformes aux attentes et qui délivre alors une déclaration de conformité – Notification de la consommation de fuel-oil que le navire devra présenter à l'État du port lors de ses escales (future règle 6.6).
[161] Celui-ci sera délivré par le vérificateur agréé par l'Etat du pavillon après la remise du rapport annuel de déclaration des émissions de CO_2 du navire, jugé satisfaisant. Le document devra être à bord dès le 30 juin 2019, la première

pour les navires qui font escale dans un port de l'UE : celui-ci fait l'objet d'un rapport de vérification par un organisme agréé.

En cas d'infraction, l'État du pavillon est tenu par l'article 217.4 de la CNUDM de procéder aux enquêtes nécessaires. Cela peut être à la demande d'un État tiers, l'État du pavillon est alors tenu de poursuivre les contrevenants conformément aux règles de son ordre interne et d'informer l'État tiers des suites. L'État du pavillon est aussi tenu de sanctionner les infractions constatées de façon suffisamment rigoureuse pour être dissuasive[162]. Ainsi, dans le cadre de l'Annexe VI MARPOL, la règle 5 confirme la compétence principale de l'Etat du pavillon qui a le pouvoir de retirer les certificats nécessaires à la navigation lors des visites régulières prévues. Si le navire se trouve dans un port d'une autre partie, l'Etat du port doit accorder à l'inspecteur de l'Etat du pavillon toute l'assistance nécessaire pour qu'il s'acquitte de ses obligations. En matière de répression, l'article 4.1 de la convention MARPOL précise la compétence de l'Etat du pavillon quel se soit l'endroit où l'infraction se produit. Mais

---

période de déclaration s'étendant du 1er janvier au 31 décembre 2018.

[162] J-P. BEURIER, « Lutte globale contre la pollution des mers » in *Droits maritimes : 2015/2016*, Paris, Dalloz, 3. éd., 2014, p.1638.

d'après l'article 4.2 l'Etat du port peut aussi, s'il constate une infraction, choisir d'engager des poursuites contre le navire.

Le régime des sanctions, sur lequel nous reviendrons plus loin, est encadré par l'article 4§4 de la convention MARPOL, et laisse une grande liberté à l'Etat qui entame des poursuites, donc une compétence répressive qui semble plus aisée à mettre en œuvre que sa compétence normative.

Par ailleurs, l'annexe VI MARPOL met en avant dans sa règle 11 une logique de coopération des Parties pour la recherche des infractions en utilisant les moyens pratiques et appropriés de recherche et de surveillance continue, ce qui dans la pratique est mis en œuvre par l'intermédiaire de l'Agence européenne de sécurité maritime pour les États membre de l'UE.

II.   Le renforcement des compétences par les règles environnementales du droit interne

Certains États comme la France tentent cependant de réglementer le transport international dans leur droit interne. La France a souhaité impliquer les acteurs du transport, dont le transport international, dans une mission d'information du public en 2011. Elle a en effet publié l'article L1431-3 du Code des Transports et le décret n° 2011-1336 du 24 octobre 2011 qui imposent à tous les acteurs commercialisant ou organisant des prestations de transport, que ce soit de marchandises ou de passagers, de fournir aux bénéficiaires de la prestation la quantité de CO2 émises par le mode de transport utilisé, dès lors que le transport a son point d'origine ou de destination sur le territoire français y compris les départements et collectivités d'Outre-Mer. Le fait que le transporteur ait son siège social ou commercial à l'étranger ne l'exonère pas de ces obligations.

Ces dispositions s'appliquaient initialement tant au transport entre ports français qu'au transport international dès lors que le port de destination ou d'origine était en France, et exigent d'intégrer le CO2 émis en amont[163]. Mais les protestations du secteur du transport maritime ont fait évoluer les textes en vigueur dès 2013, aussi l'article a-t-il été modifié par une loi du 17 août 2015 indiquant que les conditions dans lesquelles l'obligation sera rendue applicable au transport international seront précisées une fois les

---

[163] Le décret précise à l'article D1431-3 que « les opérations amont de production des sources d'énergie nécessaires au fonctionnement des moyens de transport doivent être prises en compte », c'est-à-dire (art. D 1431-5) « l'extraction, la culture des biocarburants, le raffinage, la transformation, le transport et la distribution des sources d'énergie ».

dispositions le permettant adoptées dans le cadre des organisations européennes et internationales. Enfin le décret n°2017-639 du 26 avril 2017 clôt la question en reformulant la partie réglementaire du Code des transports[164] sur le transport ayant ses points d'origine et de destination sur le territoire national. En revanche, ce sont maintenant l'ensemble des GES et plus seulement le CO2, qui sont à prendre en compte par les transporteurs. En 2016[165] nombre d'opérateurs en France[166] n'avaient cependant pas mis en place les procédures nécessaires pour respecter l'article L1431-3, et aucune sanction n'était prévue – décision sans doute politique au regard du poids de cette obligation en matière de coût et de temps.

Aujourd'hui le règlement européen 2015/757 oblige le transport maritime international à réaliser le suivi de ses émissions de CO2. L'OMI a mis en place le dispositif de collecte de données de consommation de carburant. Est-ce qu'une troisième obligation pourrait apparaître

---

[164] Code des transports, article D1431-2

[165] L. ESNARD, « Obligations d'information et de déclaration relatives aux émissions de CO2 », *Gazette n°40*, Chambre arbitrale maritime de Paris, printemps 2016, https://www.arbitrage-maritime.org/CAMP-V3/gazettes-de-la-chambre/

[166] 60% d'après les informations collectées sur le site du MTES au lien suivant : https://www.ecologique-solidaire.gouv.fr/information-ges-des-prestations-transport

pour les transporteurs maritimes, assortie d'un troisième contenu encore différent de celui exigé par le règlement 2015/757 et de celui requis par l'OMI ?

Par ailleurs, en mars 2017 la France a adopté une loi[167] imposant aux grandes entreprises[168] d'élaborer et de mettre en œuvre un plan de vigilance et d'en publier les détails pour prévenir les graves atteintes aux droits de l'homme et à l'environnement provoquées par leurs activités et leurs chaines d'approvisionnement. Cette loi s'applique aux entreprises employant à la clôture de deux exercices consécutifs au moins cinq mille salariés en France ou au moins dix mille salariés dans le monde, à leurs filiales et certains de leurs fournisseurs et sous-traitants. Parmi les transporteurs maritimes français ou les filiales françaises du transport international, il n'y a finalement que quelques entreprises soumises à ce nouveau devoir du fait de leur structuration et du

––––––––––––––––––

[167] Loi n°2017-399 du 27 mars 2017 relative au devoir de vigilance des sociétés mères et des entreprises donneuses d'ordre codifié dans Art. L. 225-102-4.-I. du Code du commerce - publiée au JORF n°n°0074 du 28 mars 2017 https://www.legifrance.gouv.fr/eli/loi/2017/3/27/2017-399/jo/texte
[168] Dont l'effectif atteint 5 000 salariés lorsque leur siège est en France et 10 000 salariés lorsque leur siège est fixé à l'étranger.

nombre de salariés[169]. En revanche, les grands chargeurs (Cargill, Louis Dreyfus par exemple dans le marché des céréales) font partie des entreprises ciblées. Pour certains auteurs « *L'orientation du contentieux vers le défaut de vigilance semble porter de grandes potentialités* » [170] rappelant ainsi l'avis du Conseil constitutionnel « *Il résulte de ces dispositions [art. 1er et 2 de la Charte] que chacun est tenu à une obligation de vigilance à l'égard des atteintes à l'environnement qui pourraient résulter de son activité. Il est loisible au législateur de définir les conditions dans lesquelles une action en responsabilité peut être engagée sur le fondement de la violation de cette obligation (...)* ». L'Etat du pavillon peut donc légiférer « par ricochet » l'activité du transport maritime international lorsque les entreprises ciblées ont une taille et un nombre de salariés suffisants. Il peut aussi soutenir des initiatives du secteur qui présentent un intérêt environnemental. Il se trouve cependant confronté aux règles de concurrence et du commerce international.

---

[169] De grandes sociétés d'armement comme Louis Dreyfus Armateur ou Euronav, Sea-Tankers ou V-Ships par exemple, ne sont pas soumises à cette loi.

[170] François Guy TREBULLE, *Responsabilité et changement climatique : quelle responsabilité pour le secteur privé ?* Énergie - Environnement - Infrastructures n° 8-9, Août 2018, dossier 24

III.   Le soutien aux initiatives des armateurs
face aux règles de concurrence

L'UE exerce un contrôle strict sur les conditions de concurrence entre les entreprises européennes[171]. En effet, les États membres soutiennent parfois des entreprises ou des secteurs locaux à l'aide de fonds publics. Cette aide, si elle donne aux bénéficiaires un avantage déloyal sur les mêmes secteurs dans d'autres pays de l'UE, est interdite par la Commission. Celle-ci n'autorise les aides d'État que si elles servent réellement l'intérêt public, c'est-à-dire lorsqu'elles bénéficient à la société ou à l'économie dans son ensemble. La Suède a ainsi mis en place une législation nationale qui permet d'exonérer de taxe l'électricité utilisée lors du branchement à quai des navires en escale. La France envisage dans sa loi de finances 2019 des mesures de suramortissement pour les entreprises dont les navires utilisent des combustibles propres. Ainsi les entreprises auraient la possibilité de déduire de leur résultat imposable une partie de l'investissement qu'elles réaliseront sur 3 ans entre le

---

[171] Dans les conditions définies au TFUE, Titre VII, chap. I, section I, article 108.

1er janvier 2019 et le 31 décembre 2021[172]. Les navires devront battre pavillon européen, et les ports français devront représenter plus de 30 % du nombre des escales ou la durée de navigation dans la ZEE (Zone Economique Exclusive) française représenter plus de 30 % du temps de navigation. Cette aide d'État pourrait-elle engendrer un effet de marché qui, lui, est du ressort de la compétence de l'UE[173] ? La proposition de la loi de

---

[172] Cette déduction s'élèverait à 30 % de la valeur d'origine (hors frais financiers) pour les navires qui utiliseront de l'hydrogène, 25 % pour les navires qui utiliseront le Gaz Naturel Liquéfié (GNL), 20 % pour les navires concernés par le traitement des gaz d'échappement en matière d'oxydes de soufre, d'oxydes d'azote et de particules fines acquis à l'état neuf (cela concerne uniquement les scrubbers en boucle fermée, sans rejets en mer d'effluents), 20 % de l'investissement dédié à l'alimentation électrique durant l'escale par le réseau terrestre ou au moyen de moteurs auxiliaires utilisant le GNL ou une énergie décarbonée, ainsi que les biens destinés à compléter la propulsion principale du navire par une propulsion décarbonée en vue de les installer sur un navire en service.

[173] L'appréciation de la compatibilité des aides d'Etat auprès des entreprises, en faveur de la protection de l'environnement, est appréciée au regard de l'article 107, paragraphe 3 point C du TFUE. L'aide octroyée est soumise à obligation de notification auprès de la Commission lorsqu'elle excède 15 000 000 EUR par entreprise pour une

finances 2019 a été soumise à la Commission européenne, qui n'a pas encore donné son feu vert.

A l'échelle mondiale, l'OMC joue un rôle important dans le développement d'un commerce international ouvert à tous, non discriminatoire. Cependant, les membres de l'OMC ont le droit d'adopter des mesures environnementales et d'être exemptés des dispositions fondamentales du GATT pour autant que les mesures soient justifiées au regard de l'article XX g) c'est-à-dire des mesures « *se rapportant à la conservation des ressources naturelles épuisables si de telles mesures sont appliquées conjointement avec des restrictions à la production ou à la consommation nationales…* ». L'organe de règlement des différends de l'OMC rend de nombreux arrêts, et ses interprétations peuvent être téléologiques. Ainsi, dans l'affaire États-Unis-Crevettes[174], l'Organe d'appel a jugé que les tortues constituaient bien une ressource épuisable conformément à la règle de l'effet utile des traités[175].

---

aide à l'investissement et qu'elle est octroyée sans une procédure de mise en concurrence.

[174] OMC, WT/D558/AB/R, 12 octobre 1998, Etats-Unis, Prohibitions à l'importation de certaines crevettes et de certains produits à base de crevettes, Rapport Organe d'appel

[175] En l'occurrence dans cette affaire, il a été jugé que, si la mesure était fondée en matière de protection de

Pourrait-il être envisagé que l'air soit assimilé à une ressource naturelle épuisable et puisse donner lieu à des exemptions si des mesures identiques s'appliquent aussi dans l'ordre juridique interne du pays ?

L'Etat du pavillon a donc un rôle important à jouer en matière de régulation du transport maritime international tant dans la surveillance que dans le soutien d'initiatives « propres », tout en respectant le cadre d'un commerce international réglementé. De nouvelles opportunités par le biais de mesures fiscales sont ainsi explorées actuellement par différents États.

§2. Une mise en œuvre extensive des compétences de l'Etat côtier et de l'Etat du port

I.   Les initiatives unilatérales de certains États côtiers

L'État côtier dispose d'une compétence normative[176] dans sa mer territoriale. Certains États ont utilisé cette

---

l'environnement, elle constituait une discrimination arbitraire et injustifiable entre les membres de l'OMC.

[176] Les articles 212 et 222 de la CNUDM semblent moins clairs sur le champ d'application des compétences de l'État côtier que sur celui de l'État du pavillon. En effet, autant les États adoptent des règles pour les navires battant leur pavillon, autant ce même article 212 permet à l'État côtier d'adopter des lois et règlements « applicables à l'espace

86

compétence pour mettre en œuvre des normes sur les émissions des navires. Ainsi, la Chine imposé un taux de 0,5% de soufre dans les carburants pour plusieurs zones de son littoral[177] alors qu'aucune ZCE n'a été établie sur le littoral chinois dans le cadre de l'OMI[178]. Même une entité infra-étatique peut agir de cette

---

aérien (de souveraineté) en tenant compte (…) de la sécurité de la navigation aérienne ». Finalement qu'est-ce que l'État côtier est tenu de réglementer ? La navigation aérienne ou la navigation maritime ? Il nous semble qu'une interprétation sans doute plus téléologique que littérale nous permet d'énoncer que l'État côtier adopte des lois dans son espace de souveraineté, maritime et aérien, les deux n'ayant pas de réelle frontière lorsqu'on parle de pollution atmosphérique. L'article 21 de la CNUDM confirme si besoin, la compétence de l'État côtier pour réglementer le passage inoffensif dans la mer territoriale afin de préserver l'environnement, de prévenir, réduire et maîtriser sa pollution, sans pour autant entraver ce passage (art. 211.4).

[177] Ce taux est applicable au carburant utilisé à quai dans des ports spécifiques de la région du delta de la rivière des Perles, du delta du Yangtze et de la mer de Bohai. En 2018, la limite de 0,50% de soufre s'applique à tous les ports situés dans ces trois zones en Chine. En 2019, la limite de 0,50% de soufre s'applique à toutes les opérations avec des zones de contrôle des émissions définies (couvrant environ 20 km) dans la zone du delta de la rivière des Perles, la zone du delta du fleuve Yangtze et la zone de la mer de Bohai

[178] M. MORIN, *op. cit.*, note 124, p.11.

manière si elle en a juridiquement la capacité. Tel est le cas de la Californie qui a édicté dans sa zone côtière des règles plus strictes que les règles fédérales américaines pour la mise en œuvre des règles applicables aux ZCE d'Amérique du Nord pour les NOx et SOx.

Dans la zone économique exclusive (ZEE), l'article 211.5 de la CNUDM précise que l'État côtier *peut* adopter des lois et règlements visant à prévenir, réduire et maîtriser la pollution par les navires qui soient conformes et *donnent effet* aux règles et normes internationales *généralement* acceptées (coutumières). L'État côtier est donc laissé libre d'adopter ou non des règles dans sa ZEE. En revanche, celles-ci ne doivent pas être plus ou moins exigeantes que les règles internationales coutumières mais le caractère coutumier des règles concernant la pollution atmosphérique ne semble pas acquis.

En revanche, il est possible pour l'Etat côtier de faire reconnaître des zones spéciales dans sa ZEE qui, par leur caractéristiques océanographiques, écologiques ou leur utilisation ou leur ressource, nécessitent d'être protégées. Il adresse alors une justification à l'organisation internationale compétente (l'OMI) pour mettre en œuvre un règlement spécifique. Cette disposition 211.6.a) rejoint la possibilité offerte par la convention MARPOL d'adopter des zones spéciales[179] nommées zones de contrôle des émissions (ZCE) en vertu de l'Annexe VI. Ainsi, 4 zones spéciales ont été désignées à ce jour : mer Baltique (entrée en vigueur en 2006) et mer du Nord (2007), en lien avec les émissions d'oxydes de soufre, Amérique du Nord (2012) et zone Caraïbes des États-Unis (2014) pour les émissions d'oxydes de soufre et d'azote. Ces ZCE sont adoptées par l'OMI après soumission par une ou plusieurs Parties d'une proposition fournissant « la preuve qu'il est nécessaire d'y prévenir, réduire et contrôler les émissions de NOx, SOx, particules ou les trois types d'émission. » L'appendice III de l'Annexe VI explicite le processus à suivre, ainsi que les critères à respecter pour une telle demande. Une évaluation détaillée des impacts liés aux émissions des navires est exigée, mais aussi une comparaison avec les mesures de contrôle prises par les Parties concernant les sources à terre, notamment en matière de coût au regard des conséquences possible de l'instauration d'une ZCE, sur

---

[179] En matière de protection du milieu récepteur, l'OMI permet le recours à la création de zones spéciales définies comme « des zones maritimes qui, pour des raisons techniques liées à leur situation océanographique et écologique, ainsi qu'au caractère particulier de leur trafic maritime, appellent l'adoption de méthodes obligatoires particulières pour prévenir la pollution des mers ».

le plan économique, pour les navires qui effectuent des voyages internationaux.

Enfin, par l'article 220 de la CNUDM, l'Etat côtier peut intervenir pour inspecter un navire afin d'établir la preuve d'une infraction lorsque celui-ci naviguait dans sa mer territoriale. Il peut alors intenter une action, notamment immobiliser le navire. Il peut aussi, selon les faits, soupçons d'infraction, soupçon de rejet important, ou preuve d'infraction avec rejet et risque de dommage important dans les zones sous sa souveraineté ou juridiction, demander des renseignements, procéder à l'inspection matérielle du navire et intenter une action, notamment immobiliser celui-ci, conformément à son droit interne. L'inspection matérielle se limite à l'examen des certificats et documents, à moins que de sérieuses raisons ne permettent de penser que l'état du navire ne correspond pas aux documents ou que les documents ne soient pas valables (article 226). Si l'Etat du pavillon engage lui-même des poursuites, l'Etat côtier doit cesser les siennes (article 228).

Certains États ont largement pris appui sur les articles de la CNUDM pour réglementer la protection de l'atmosphère au droit de leurs côtes et exercer ainsi une compétence normative étendue. La France porte aujourd'hui une proposition de ZCE en Méditerranée sur laquelle nous reviendrons plus loin, qui s'inscrit totalement dans cette dynamique.

II. La compétence répressive étendue de l'Etat du port

L'Etat du port est défini par la CNUDM à l'article 218 comme celui dans le port duquel un navire étranger se trouve volontairement en escale[180]. L'article 211 §3 de la CNUDM permet aux États du port d'imposer aux navires étrangers *des conditions particulières pour l'entrée dans leur port ou leurs eaux intérieures* dans le but de prévenir, réduire et maîtriser la pollution du milieu marin. Ils doivent alors faire connaître ces conditions notamment à l'OMI. Ainsi, l'Etat du port peut ouvrir une enquête et intenter une action si les éléments de preuve le justifient pour tout rejet effectué au-delà des zones sous sa juridiction (eaux intérieures, mer territoriale et ZEE). Il peut le faire en cas de rejet dans les eaux sous juridiction d'un autre Etat si ce dernier le lui demande, ou si l'Etat du pavillon le lui demande ou un Etat risquant de subir des dommages du fait des rejets. L'Etat du port peut donc enquêter

---

[180] J-P. BEURIER, « Lutte globale contre la pollution des mers », in *Droits maritimes : 2015/2016*, Paris, Dalloz, 3. éd., 2014, p.1641.

pour une infraction commise en haute mer sans préjudice pour lui.

L'Etat du port est investi par la convention MARPOL d'une compétence pour inspecter les navires qui font escale via ses inspecteurs (fonctionnaires de l'Etat du pavillon ou employés d'un organisme agréé par lui). L'article 5 de la Convention précise que l'inspection a pour objet de vérifier la présence à bord des certificats en cours de validité[181]. Si des doutes existent sur le fait que « *le capitaine ou ses membres d'équipage ne sont pas au fait des procédures essentielles à appliquer à bord pour prévenir la pollution de l'atmosphère* » (règle 10 de l'Annexe VI), l'Etat du port doit prendre les mesures nécessaires pour l'empêcher d'appareiller. La règle 11.5 instaure une extension conventionnelle de la compétence de l'Etat du port[182] : elle ouvre la possibilité pour l'Etat du port d'inspecter un navire si une autre partie lui demande de procéder à une enquête et fournit des preuves suffisantes attestant que le navire a émis en un lieu quelconque, l'une des substances interdites.

Les administrations maritimes de nombreux États ont signé à des échelons régionaux, des accords de

---

[181] 3 certificats en matière de pollution atmosphérique en application de l'annexe VI MARPOL ainsi que le certificat MRV pour les navires faisant escale dans un port de l'UE.
[182] N. CLARENC BICUDO, *op.cit.*, note 99, p. 386.

coopération, « *Memorandum of understanding* » à l'image du MOU de Paris signé le 26 janvier 1982. Ces 9 accords régionaux[183] permettent la mise en œuvre d'un contrôle coordonné des navires étrangers faisant escale dans les ports de ces États, en harmonisant les procédures et en établissant des bases de données communes[184]. Les contrôles de l'Etat du port peuvent donc se baser sur un profil de risque des navires en fonction de leur type, âge, opérateur, pavillon et historique, et pourquoi pas, bientôt, des indicateurs environnementaux supplémentaires.

Le transport maritime international est au cœur d'un filet juridique qui se tisse peu à peu. Dans chaque ordre, des outils ont été révisés ou créés pour encadrer la pollution atmosphérique liée au transport maritime. A l'échelle internationale, l'OMI affirme l'autonomie de ses règles sur le sujet des émissions de GES. Si la convention MARPOL s'avère un outil pratique pour

---

[183] MoU de Paris, MoU de Tokyo MoU de l'Ocean Indien, MoU des Caraïbes, MoU de la Méditerranée, MoU de l'Amérique latine, MoU d'Abidjan, MoU de la Mer Noire et MoU de Riyad
[184] Les bases de données SafeSeaNet et CleanSeaNet sont gérées par l'Agence Européenne de Sécurité Maritime. La 1ère fournit les informations de trafic et des données sur les navires, la 2nde est un service de surveillance en ligne d'éventuelles traces de rejets dans le milieu marin via l'acquisition et le traitement de données satellites.

réglementer la pollution atmosphérique par des seuils à respecter, c'est une résolution « stratégique » qui voit le jour pour préparer les règles à venir sur les GES. Est-elle vouée à rester cantonnée au statut d'un accord non contraignant ? Ce n'est pas sûr : les résultats provisoires de la dernière session du MEPC[185] montrent par exemple qu'un affermissement des indices d'efficacité énergétique a été approuvé. A un niveau régional, l'UE concurrence l'OMI en instaurant un système plus rigoureux (le MRV) et des échéances fixes. La coexistence de deux obligations réglementaires sur un même sujet montre bien que la course à la réglementation n'est pas finie. Les États ne sont pas en reste : d'une part, leurs compétences normatives au regard de la CNUDM permettent d'instaurer dans leurs zones de souveraineté voire de juridiction, des règles plus strictes que celles généralement acceptées. A ce titre la Californie ou la Chine ont instauré des règles qui semblent enclencher de réels changements de comportement comme nous le verrons par la suite. D'autre part, les obligations environnementales qu'ils construisent petit à petit autour de leurs acteurs économiques sont de plus en plus précises et les infractions passibles de sanctions.

Cependant, deux constats viennent tempérer cette conclusion : le consensus international est toujours

---

[185] MEPC 74 du 13 au 17 mai 2019.

extrêmement long à atteindre, comme le prouve la lente construction de la stratégie GES de l'OMI, et le nombre d'États moteurs semble encore trop restreint pour communiquer une véritable dynamique et tirer vers le haut le reste de la communauté internationale. L'Etat éprouve des difficultés à demeurer garant du principe de responsabilité[186], c'est-à-dire de sa capacité à obliger les acteurs du transport maritime de répondre des conséquences de leurs décisions. Par ailleurs, le jeu d'acteurs entre les institutions et les décisions unilatérales fait peser une véritable incertitude juridique sur les acteurs économiques : quelles sont les propositions parmi la résolution non contraignante de l'OMI qui seront affermies ? quelles seront les conséquences économiques ? En réalité, le principe de « sécurité juridique[187] » pourrait bien être quelque peu malmené dans le cas des opérateurs économiques du transport maritime, sans préjuger de la légitimité du fondement de cette situation.

---

[186] A. SUPIOT et M. DELMAS-MARTY, *op. cit.* note 75, p.13.

[187] Reconnu en Droit européen par la Cour de Justice de Luxembourg et la Cour Européenne des Droits de l'Homme, ce principe ménage aux individus et aux acteurs économiques et sociaux un certain niveau de protection de la stabilité du cadre juridique dans lequel ils opèrent, des contrats qu'ils souscrivent et de leurs obligations à l'égard des autorités publiques.

Pourtant les opérateurs ont les moyens de prévenir cette incertitude générant de l'insécurité en créant eux-mêmes une stabilité des pratiques qui s'appuieraient sur un cadre volontaire « en avance » sur le cadre réglementaire. La responsabilité sociale des entreprises semble permettre cela. Comment s'organise-t-elle et que représente-t-elle pour le monde du transport maritime international, c'est que nous allons tenter de comprendre dans ce 2ème chapitre.

CHAPITRE 2 – LE MOUVEMENT D'INSTITUTIONNALISATION ET DE JURIDICISATION DE LA RSE

Face aux difficultés des institutions de la gouvernance conventionnelle comme l'OMI et à la lenteur des processus réglementaires, de nouvelles approches sont mises en œuvre à l'aide d'instruments de *soft law* issus d'initiatives privées qui mettent en œuvre la responsabilité sociale des entreprises (RSE).

La RSE a été définie dans le livre vert de la Commission Européenne en 2001 comme « un concept par lequel les compagnies intègrent des soucis sociaux et environnementaux dans leurs opérations commerciales et dans leur interaction avec leurs sous-traitants sur une base volontaire. Elle concerne des entreprises décidant d'aller au-delà des conditions légales minimum et des engagements provenant des conventions collectives afin de satisfaire les besoins sociaux ». L'entreprise est alors mobilisée comme lieu de production de l'éthique, confrontée à l'efficacité inhérente au capitalisme. Une éthique en réponse à l'injonction formulée par Hans Jonas en 1979 d'une véritable obligation « d'agir de façon que les effets de son action ne soient pas destructeurs pour la possibilité future d'une telle vie[188] ».

Dans la définition de la CE, l'accent est mis sur 2 points importants : une *démarche volontaire* qui va *au-delà de la loi*. Nous examinerons d'abord le premier point. Si cette démarche est bien volontaire de la part des entreprises, elle rencontre aujourd'hui un cadre institutionnel international qui s'est fortement développé depuis la naissance de la RSE[189] (**section 1**). Ce cadre institutionnel est enrichi à l'échelle européenne par l'émergence d'obligations qui

---

[188] Jonas H. (1990 [1979]), *Le Principe responsabilité. Une éthique pour la civilisation technologique*, trad. de l'all. par J. Greisch, Paris, Flammarion.

[189] M. CAPRON, « Conceptions de la RSE » in *Dictionnaire critique de la RSE*, Villeneuve-d'Ascq, Presses universitaires du Septentrion, 2013, p. 68. La conception de la RSE a évolué depuis son apparition dans les années 1950 aux Etats-Unis, sous une forme d'éthique » fortement empreinte de l'esprit protestant vers une conception utilitariste à partir des années 1970 (le comportement social doit servir la performance économique de l'entreprise) avant de voir l'émergence d'une conception plus politique dans les années 1990 qui repose sur l'idée que l'entreprise n'est pas seulement en marché mais aussi en société et doit répondre aux enjeux que l'humanité et la planète encourent.

attribuent ainsi un caractère réglementaire à une démarche « volontaire[190] » (**section 2**).

SECTION 1 – LA CONSTRUCTION DU CADRE INSTITUTIONNEL INTERNATIONAL DE LA RSE

Le cadre institutionnel international et régional de la RSE s'est largement développé sous l'impulsion de l'Organisation de Coopération et de Développement Économiques (OCDE) et des Nations-Unies. Les principes construits par ce cadre international ne sont pas contraignants mais pourraient être à l'origine d'une opinio juris (**§1**). La normalisation qui permet de standardiser et diffuser les pratiques devient alors un enjeu important (**§2**).

---

[190] En réalité, le caractère « volontaire » de la RSE est souvent mis en défaut car les initiatives privées sont motivées par des pressions financières, juridiques et réglementaires puissantes créées par les sociétés au sein desquelles les entreprises exercent leur activité, ainsi que le soulignait l'ancien secrétaire général de l'OCDE, Donald Johnson en 2005.

§1. L'émergence d'une *opinio juris* sous l'impulsion de principes non contraignants

Au cœur des échanges commerciaux, l'OCDE qui a été établie en 1961[191] est un organisme international qui réunit aujourd'hui 36 pays membres à travers le monde[192] et dont la mission est de promouvoir les politiques qui amélioreront le bien-être économique et social dans le monde. Les négociations qui ont lieu au sein de l'OCDE conduisent les États à s'accorder sur la formulation de normes et de recommandations dans

---

[191] L'OCDE a pris la suite de l'OECE (Organisation européenne de coopération économique), née en 1947 pour administrer le « plan Marshall », effort financier pour reconstruire l'Europe dévastée par la guerre.

[192] Allemagne, Australie, Autriche, Belgique, Canada, Chili, Corée, Danemark, Espagne, Estonie, États-Unis, Finlande, France, Grèce, Hongrie, Irlande, Islande, Israël, Italie, Japon, Lettonie, Lituanie, Luxembourg, Mexique, Norvège, Nouvelle-Zélande, Pays-Bas Pologne, Portugal, République slovaque, République tchèque, Royaume-Uni, Slovénie, Suède, Suisse et Turquie. L'OCDE travaille également la République populaire de Chine, l'Inde et le Brésil, par le biais de programme « d'engagement renforcé » ainsi que des économies en développement d'Afrique, d'Asie, d'Amérique latine et des Caraïbes. La Commission européenne participe aux discussions mais ne peut pas voter.

un grand nombre de domaines[193] notamment le gouvernement d'entreprises et l'environnement. C'est ensuite un processus d'examen par les pairs et de surveillance multilatérale qui sont à la clé de l'efficacité des processus. Les principes directeurs de l'OCDE[194] sont des recommandations qui doivent être adressées aux entreprises multinationales par les gouvernements des États adhérents et constituent la plus ancienne norme intergouvernementale définissant des principes de responsabilité sociale pour les entreprises. 48

---

[193] En matière de transport maritime, l'OCDE a adopté 4 instruments dont le dernier en 1999 qui avaient essentiellement trait aux navires « sous norme » (1977) puis à la libre concurrence face au jeu des conférences maritimes (1987, 1993 et 1999).

[194] Les Principes directeurs de l'OCDE à l'intention des entreprises multinationales sont des recommandations que les gouvernements adressent aux entreprises multinationales exerçant leurs activités dans les pays adhérents ou à partir de ces derniers. Ils contiennent des principes et des normes non contraignants destinés à favoriser une conduite raisonnable des entreprises dans un environnement mondialisé, en conformité avec les législations applicables et les normes internationalement admises. Les Principes directeurs constituent, en matière de conduite responsable des entreprises, le seul code exhaustif convenu à l'échelon multilatéral que les gouvernements se sont engagés à promouvoir.

pays[195] y ont adhéré et représentent plus de 85% des investissements directs à l'étranger, même si ces principes ne jouissent que d'une universalité relative[196]. Leur 1ère version date de 1976 et a été révisée 5 fois depuis (la dernière révision date de 2011).

Ces principes touchent à plusieurs domaines dont l'environnement. Ainsi les entreprises devraient mettre en place et appliquer un système de gestion environnementale avec la collecte de données, la fixation d'objectifs mesurables, le suivi et la publication des résultats. Les entreprises sont encouragées à réaliser une évaluation appropriée d'impact sur l'environnement des activités ayant des effets importants, à améliorer en continu leurs performances environnementales. Les effets directs ou indirects des activités de l'entreprise sur les émissions de GES et la biodiversité sont des sujets à prendre en compte, par exemple, dans les rapports.

La mise en œuvre des principes s'effectue par les points de contact nationaux (PCN) que chaque gouvernement

---

[195] Les pays membres ainsi que : Argentine, Brésil, Colombie, Égypte, Lituanie, Maroc, Pérou, Roumanie, Tunisie, Costa Rica, Jordanie, Ukraine et Kazakhstan

[196] Leur champ d'application est déterminé par le rattachement de l'entreprise à l'un des États membres, soit parce qu'elle opère à partir de l'un d'eux (domiciliation du siège), soit parce qu'elle agit sur l'un d'eux.

doit mettre en place. Il s'agit de structures publiques qui ont pour mission d'informer et de promouvoir les Principes auprès des entreprises, et de résoudre les questions soulevées par la mise en œuvre des principes par la procédure de « circonstances spécifiques »[197]. Cela permet de proposer les « bons offices » pour régler une question avant qu'un litige ne paraisse entre parties privées, et de publier les décisions[198]. L'applicabilité des principes dépend de l'existence d'un « lien d'investissement », puisqu'il s'agit du contexte d'adoption des principes.

Autre cadre d'engagement volontaire, le Pacte Mondial (Global Compact) a été lancé par le Secrétaire Général des Nations-Unis en 2000. 10 000 entreprises adhèrent ainsi à 10 principes touchant aux droits de l'Homme et à l'environnement. Au regard de l'environnement, les trois principes retenus[199] (P7, P8 et P9) sont l'application

---

[197] Isabelle DAUGAREILH, « Principes directeurs de l'OCDE » in *Dictionnaire critique de la RSE*, Ed. Presses universitaires du Septentrion, 2013, p. 379.

[198] Un simple communiqué sera publié en cas de classement de l'affaire, ou de non accord mais il comprendra l'énoncé des questions et les motifs de la décision du PCN ou les recommandations de celui-ci dans le dernier cas.

[199] Le Pacte s'appuie en cela sur les principes de La Déclaration de Rio sur l'environnement et le développement de 1992 et sur le chapitre 30 de l'Agenda 21 du Sommet de

de l'approche de précaution, la promotion d'une plus grande responsabilité en matière d'environnement et la mise au point et la diffusion de technologies respectueuses de l'environnement.

En matière d'engagement, le Pacte se veut peu contraignant afin de faciliter son acceptation dans le monde de l'entreprise. Cependant, l'entreprise doit mettre en œuvre un certain nombre de mesures en interne autour de ces principes : les intégrer dans sa stratégie, prendre des engagements clairs de la part de la direction, informer tout le personnel, créer un environnement favorable aux idées nouvelles au sein de l'entreprise, définir des objectifs mesurables, coopérer et dialoguer avec d'autres parties prenantes...Les adhérents (entreprises et ONG) publient chaque année une « communication de progrès » rendue publique. Un nouveau membre est autorisé à ne communiquer que sur 2 thèmes au choix[200], puis dès la 2ème année, sur les 4 grands thèmes du Pacte Mondial. Enfin, l'entreprise peut s'engager sur un niveau plus avancé guidé par 21 critères prédéterminés.

Rio qui précise le rôle des entreprises dans le développement durable.
[200] Parmi les 4 thèmes du Pacte Mondial : Droits de l'Homme, Normes internationales du travail, Environnement, Lutte contre la corruption.

Le Pacte n'exige pas de modalités de rapportage spécifiques en dehors d'une déclaration du président ou directeur confirmant l'adhésion de l'entreprise, d'une description des mesures concrètes prises par l'entreprises pour appliquer les principes du Pacte et établir des partenariats concourant à ces objectifs, et d'une mesure des résultats obtenus en utilisant autant que possible le système d'indicateurs et d'évaluation mis à disposition par les Nations-Unies.

En matière de transport international, les grandes compagnies maritimes A.P. Moller Maersk (Danemark), Ocean Network Express (ONE, joint-venture entre 3 sociétés japonaises NYK, MOL et K-Line, installée à Singapour) et MSC Mediterranean Shipping Company (Suisse) adhèrent au Pacte Mondial. Parmi les chargeurs, figurent de très grandes compagnies comme Cargill (Etats-Unis, céréales) ou Trafigura (Suisse, pétrole) mais pas les principaux chargeurs en charbon tels que Whitehaven Coal (Australie). En France, 1 208 entreprises ont adhéré au Pacte Mondial, parmi lesquelles figurent les compagnies Bolloré, Geodis (envoi de conteneurs) ou encore Transdev (transport de passagers), mais le groupe Louis Dreyfus Armateur ou CMA-CGM sont absents.

Les entreprises adhérentes se sont engagées à respecter les 10 principes inscrits dans le Pacte, et à publier chaque année un rapport de progrès présentant ces engagements. Dans les faits, les rapports publiés par les entreprises européennes à l'occasion du Pacte Mondial sont les rapports exigés par la réglementation européenne, qui sont donc relativement détaillés. MSC (70 000 employés) s'est engagée dans le Pacte Mondial en septembre 2016. Jusque-là, elle n'avait jamais fourni de rapport annuel ou de rapport de développement durable[201]. Dans sa communication de progrès de 2017, MSC présente la manière dont elle met en œuvre la réglementation de l'OMI, i.e. les annexes de la convention MARPOL et le système MRV de l'UE. MSC explicite les moyens dédiés : équipe « Energy efficiency » qui surveille les performances et optimise les processus (route, vitesse...), acquisition de données permanente, efficacité des opérations dans les terminaux portuaires. L'accent est mis sur le « retrofit [202]» de 250 navires afin d'optimiser l'efficacité énergétique mais aussi sur le recours au branchement à quai rendu obligatoire dans les ports de Californie. Enfin, MSC a investi plus d'1

---

[201] Mahmudur RAHIM M., Tarikul ISLAM Md., Sanjaya, KURUPPU « Regulating global shipping corporations' accountability for reducing greenhouse gas emissions in the seas», *Marine Policy*, 69, avril 2016, tableau 2 p. 163.
[202] Il s'agit du terme consacré dans le milieu maritime pour parler de la « rénovation » d'un navire par opposition à la construction de nouvelles unités.

milliard d'euros dans la construction de 4 navires au gaz naturel liquéfié (GNL).

Trafigura livre un rapport annuel très détaillé[203] qui rappelle le travail de l'OMI et les engagements mondiaux en matière de GES. Trafigura présente des chiffres en matière d'émissions estimées de CO2 par son activité de transport maritime, le travail de recherche réalisé avec une université pour trouver une méthode harmonisée de calcul des émissions de GES dans le cas d'une chaine logistique multimodale, et présente les mesures concrètes prises pour cet engagement : affrètement de navires plus récents, optimisation de la consommation de fuel-oil pour ses propres navires par un management des voyages et de la flotte : publication de différents guides à destination des équipes pour expliquer les nouvelles règles (slow steaming, just-in-time), l'investissement dans des « smart services » de navigation, … permettant d'économiser 50 000 tonnes de CO2 sur l'année. Enfin, l'achat de 39 nouveaux tankers bénéficiant de technologies avancées permet de passer le cap de 2020 sur les teneurs en soufre.

En revanche, la communication de progrès d'une société comme Cargill (150 000 employés) qui a adhéré

---

[203] 2018 Responsibility report, consulté le 25/04/2019 : https://www.trafigura.com/responsibility/responsibility-performance/2018-responsibility-report/

en 2017 et produit son 1er rapport en 2018, reste d'ordre extrêmement général. Il aborde cependant le transport maritime et met l'accent sur ses engagements dans différentes associations qui travaillent sur l'environnement[204]. Difficile de trouver mention d'un impact négatif dans les 24 pages de la communication, seul l'objectif de diminuer de 10% les émissions de GES en 2025 par rapport à 2017 notamment dans le transport (« *réduire les GES du champ à l'assiette* ») pourrait amener à penser que la société a identifié là un enjeu environnemental, mais sans lien avec les objectifs affichés dans la stratégie GES de l'OMI.

L'adhésion aux Principes directeurs ou au Pacte mondial ne permet pas des changements de pratiques systématiques et uniformes. Ces cadres semblent encore peu connus car peu visibles en dehors du cercle des intéressés et leur référence transparait encore assez peu dans les communications des transporteurs lorsqu'il est question d'environnement. Cependant le caractère non contraignant de cette *soft law,* ne résume

---

[204] Annual report 2018, https://www.cargill.com/doc/1432124831909/2018-annual-report.pdf . Cargill est impliqué dans le Global Maritime Forum et la North America Maritime Environment Protection Association (NAMEPA).

pas sa portée[205] car certains auteurs considèrent qu'elle concoure déjà à la formation d'une *opinio juris* à l'échelon mondial[206] qui permettrait de faire émerger peu à peu un droit coutumier.

§2. L'enjeu de la normalisation : norme ISO 26 000, modèle GRI4

Les normes ISO sont des guides publiés par l'International Organisation for Standardization (ISO) créée en 1947, dans le but de créer des standards industriels, commerciaux et de management pour les entreprises. Elle est composée de membres indépendants de 164 pays du monde qui travaillent ensemble à la création d'un corpus de « règles » qui permettent de faciliter le commerce entre les entreprises. De nombreuses normes ISO sont développées pour l'industrie du transport maritime[207], et de plus en plus en matière de protection de l'environnement ces dernières années : mesure des performances de la coque et de l'hélice, incinérateurs à bord, agents réducteurs NOx, disposition et gestion des

---

[205] Isabelle DAUGAREILH, « Principes directeurs de l'OCDE » in *Dictionnaire critique de la RSE*, Ed. Presses universitaires du Septentrion, 2013, p. 379.
[206] Ibidem
[207] ISO 15401 et 15402,

installations portuaires de collectes de déchets[208] etc. La certification ISO 14 001 valide la présence d'un management environnemental dans une organisation. Elle fait intervenir un organisme spécialisé[209] qui se charge de certifier pour 3 ans les entreprises. Il est cependant souvent reproché à la norme ISO 14001 d'évaluer la stratégie et non les performances puisque les certifications ISO garantissent les processus, mais pas le produit ou service.

Standard international développé en 2010 par des experts de près d'une centaine de pays, la norme ISO 26 000 est d'une nature différente. Elle porte sur la gouvernance, les droits de l'homme, les relations et conditions de travail, l'environnement, la loyauté des pratiques, les relations avec les consommateurs et la contribution au développement local. La dimension économique est transversale et doit être intégrée dans chacune des 7 questions abordées. L'ISO 26 000 ne donne pas lieu à une certification[210] et ne peut pas être interprétée comme une « norme internationale » ni

---

[208] Respectivement normes ISO 19030-1 et -2, ISO 18309, ISO 18611, ISO 16304.

[209] Le plus connu en France est le COFRAC

[210] En France, le label LUCIE s'est développé, certifié par deux organismes spécialisés pour réaliser une certification calée sur la norme ISO 26 000. Il ne regroupe cependant que 231 membres, essentiellement des PME.

invoquée en justice[211]. En revanche, d'une part, la démarche peut donner lieu à des évaluations afin de mesurer le degré d'intégration des principes de RSE dans l'entreprises, d'autre part, il existe des certifications sur de nombreux aspects qu'elle traite (ISO 14001 pour le management environnemental). Mais des questions subsistent sur la crédibilité d'une norme non certifiée, et sur sa capacité à se transformer en contrainte normative.

Le rapportage, c'est-à-dire la diffusion régulière d'informations sur les impacts environnementaux et sociaux des activités et sur les politiques déployées pour les prévenir, constitue la pierre angulaire de la responsabilité sociale des entreprises. Or de nombreux rapports RSE ont été rédigés comme de simples documents de communication, mettant en avant de bonnes pratiques et évitant d'évoquer les impacts négatifs[212]. L'enjeu de la normalisation de ces rapports est donc crucial, car c'est le seul moyen de constater les progrès de l'entreprise et de les comparer entre elles.

____

[211] Michel CAPRON, « ISO 26000 » in *Dictionnaire critique de la RSE*, Ed. Presses universitaires du Septentrion, 2013.
[212] Françoise QUAIREL, « Global Reporting Initiative (GRI) » in *Dictionnaire critique de la RSE*, Ed. Presses universitaires du Septentrion, 2013.

La Global Reporting Initiative, GRI est une ONG[213] née en 1997 pour établir un référentiel d'indicateurs et une procédure de reporting permettant de mesurer le niveau d'avancement des programmes des entreprises en matière de développement durable. La 4ème édition des lignes directrices du GRI (GRI4) sert aujourd'hui assez largement à produire les rapports annuels de RSE en s'appuyant sur un cadre conceptuel. C'est ainsi que le principe de pertinence (*materiality)* a été introduit. Ce principe oblige à hiérarchiser les enjeux et à clarifier les critères de performance, ce qui devrait permettre plus de transparence de la part des entreprises. Les lignes directrices de la GRI définissent un protocole technique, des règles de calculs pour les indicateurs afin de permettre une standardisation et une comparaison internationale. Il s'agit cependant d'un travail complexe : construire la « matrice de matérialité » nécessite une analyse approfondie, appelant des compétences spécifiques, et donc un coût pour l'entreprise.

---

[213] Elle regroupe une ONG nord-américaine (Coalition for Environmentally Responsible Economies), des investisseurs éthiques, des organisations religieuses, environnementales, des comptables et de grands cabinets d'audit comme KPMG et Deloitte, le Programme des Nations-Unies pour l'Environnement et des chercheurs spécialisés dans la RSE.

Des guides existent pour permettre le lien entre la norme ISO 26 000 et la GRI 4[214] : la norme ISO 26 000 va guider les entreprises pour organiser leurs activités qui pourront ensuite être mesurées et présentées dans un guide rédigé selon les principes GRI 4.

Dans les rapports annuels que nous avons lus[215], le recours à la hiérarchie des enjeux semble régulier. Cependant, le contenu est encore largement discrétionnaire ce qui rend difficile la comparaison des pratiques.

SECTION 2 – LE DEVELOPPEMENT D'OBLIGATIONS REGLEMENTAIRES LIEES A LA RSE EN DROIT EUROPEEN ET FRANÇAIS

La Commission européenne a introduit la RSE sur le modèle d'une démarche volontaire qui a laissé place à un droit dérivé classique face à la lenteur des États membres (**§1**). La France retranscrit ces obligations dans son droit interne (**§2**).

---

[214] Voir document "GRI G4 Guidelines and ISO 26000:2010 How to use the GRI G4 Guidelines and ISO 26000 in conjunction" disponible au lien suivant:
https://www.iso.org/files/live/sites/isoorg/files/archive/pdf/en/iso-gri-26000_2014-01-28.pdf

[215] Rapports annuels de CMA-CGM, MSC, Maersk, Cosco, NYK, Euronav, LDA, Trafigura, Frontline.

§1. Du livre vert à la directive 2015/95/UE : de la *soft law* au réglementaire

C'est par la publication du livre vert « Promouvoir un cadre européen pour la responsabilité sociale des entreprises » en 2001 que la Commission Européenne a introduit la RSE dans l'espace européen. En 2011, elle redéfinit la RSE dans une communication[216] comme étant «*la responsabilité des entreprises pour leurs impacts sur la société* » et précise que « *certaines mesures réglementaires peuvent créer des conditions plus propices à inciter les entreprises à s'acquitter volontairement de leurs responsabilités sociales* ». En effet, la CE constate que seuls 15 États membres sur 27 se sont dotés de cadres stratégiques nationaux visant à promouvoir la RSE, et seules 2 500 sociétés européennes publient des rapports sur la RSE sur les 42 000 grandes entreprises actives dans l'UE.

La Commission invite alors toutes les grandes entreprises européennes à tenir compte du Pacte mondial des Nations Unis, ou des Principes directeurs de l'OCDE[217] dans leur stratégie RSE. La Commission fait référence aux Principes directeurs de l'OCDE en se félicitant de l'adhésion de pays non-membres de l'OCDE

---

[216] COM(2011) 681 final/2

[217] Ou encore de la norme ISO 26 000.

à ces derniers et souligne l'intérêt des procédures de négociation avant d'éventuels différends via les PCN. Finalement, la directive 2014/95/UE entrée en vigueur le 6 décembre 2014 sur le rapportage extra-financier consolide le cadre normatif de la RSE à l'échelle de l'UE. Elle impose à certaines grandes entreprises et certains groupes de plus de 500 employés de publier des informations de nature non financière afin de permettre aux investisseurs et autres acteurs concernés de se faire une idée plus précise de l'évolution des affaires, des performances, de la situation de l'entreprise et des incidences de ses activités. Cela concerne entre autres des questions environnementales.

Prenons l'exemple du rapport annuel 2018 d'A.P Moller Maersk (89 000 employés). L'ambition affichée en matière de SOx et NOx est de respecter la législation (« *Our key ambition is to comply with air emissions regulations* ») malgré les 2 milliards de dollars annuels de surcoût lié à l'interdiction du fuel-oil lourd et « d'uniformiser les règles du jeu auprès des clients » afin de ne pas être les seuls à supporter le surcoût de cette nouvelle réglementation environnementale. Le transporteur se plie aux règles sans aller plus loin. Le principe « pollueur-payeur » va lui être appliqué directement : le coût des externalités négatives liées à l'utilisation de fuel-oil lourd va en effet peser sur lui directement. Si l'on examine maintenant la question des émissions de GES, Maersk affirme la volonté du « zéro émission en 2050 », avec l'arrêt de l'utilisation des énergies fossiles, et affirme surtout le découplage entre les niveaux d'émissions de CO2 et la croissance de son activité. En effet, dire que chaque navire sera plus efficient n'empêcherait pas, passé un certain seuil d'efficacité, une augmentation globale des émissions à mesure que l'activité commerciale de Maersk se développe. Aussi Maersk met en place une proposition imparable : aucune émission de CO2. Son développement peut donc avoir lieu en toute « quiétude environnementale ». Pour atteindre cette cible, il faut cependant que les navires « zéro émission », qui ont une durée de vie de 20-25 ans, soient en exploitation dès 2030 soit dans 11 ans. Pour Maersk, l'enjeu est de renouveler sa flotte dans les 11 prochaines années en remplaçant les anciens navires par des navires beaucoup plus efficaces, optimisés en matière de dimension et de forme de coque, de systèmes de propulsion principale et auxiliaire, mais aussi d'optimiser la gestion du transport à l'aide des outils numériques. On note cependant que Maersk avait pris l'engagement de réduire de 60% ses émissions de CO2 en 2020 comparé à 2007. En 2018, il n'arrive qu'à 47% et se désengage donc de sa promesse en rejoignant la stratégie de l'OMI : une diminution de 60% d'ici 2030 comparé à 2008 (la stratégie de l'OMI est d'au moins 40% de CO2 en moins en 2030, et 70% en 2050).

Le cadrage réglementaire de la RSE oblige les grands opérateurs maritimes à présenter leurs engagements environnementaux. Mais il ne s'agit que d'une obligation procédurale. L'exemple de Maersk montre que le contenu diffère ensuite selon qu'une autre écriture réglementaire se superpose à cette obligation procédurale. En matière d'émission de SOx et NOx, le grand armateur n'a pas d'autre choix que de présenter son respect des règles internationales. Il ne va pas « au-delà » et la démarche n'a évidemment rien de « volontaire ». En matière de GES en revanche, Maersk affiche de plus grandes ambitions mais seront-elles tenues, au vu du non-respect de ses engagements pour 2020 ?

§2. Le cadre institutionnel français : déclinaison de la politique européenne

La France a cherché en priorité à développer un dispositif juridique encadrant la transparence sociale et environnementale des entreprises dans les années

2000[218]. La loi dite « NRE[219] » avait imposé en 2001 à 700 sociétés cotées en Bourse de publier dans leur rapport des informations relatives à la façon dont elles prenaient en compte les conséquences sociales et environnementales de leur activité. La Loi Grenelle 2[220] du 2 juillet 2010, a renforcé ce dispositif en ajoutant un pilier sociétal, portant ainsi à 43 le nombre de thèmes à traiter et en élargissant la catégorie des sociétés y étant soumises[221]. La France a retranscrit la directive

---

[218] En parallèle le premier ministre a lancé une plate-forme nationale de dialogue en 2013, d'où émergent des propositions. La plate-forme RSE rassemble 50 membres répartis en 5 collèges : Etat-collectivités-administrations, entreprises, salariés, associations-ONG, milieux académiques – universitaires et formule des recommandations à l'attention des parties prenantes.
[219] Loi n°2001-420 sur les Nouvelles Régulations Économiques, article 116. Un décret du 20 février 2002 a précisé le contenu des informations sociales et environnementales à fournir.
[220] LOI n° 2010-788 du 12 juillet 2010 portant engagement national pour l'environnement
[221] Il s'agit notamment des sociétés anonymes (SA), des sociétés en commandite par actions (SCA) et des sociétés européennes (SE), dont les titres - actions ou obligations - sont admis sur un marché réglementé, ou qui dépassent les seuils suivants, cumulatifs : montant net de chiffre d'affaires ou total du bilan supérieur ou égal à 100 millions d'euros ; et

2014/95/UE en droit français en juillet 2017, avec 6 mois de retard sur la date prévue[222], par le décret n° 2017-1265 du 9 août 2017[223]. Celle-ci exige de la part des entreprises françaises une déclaration de performance extra-financière (DPEF) annexée au rapport de gestion annuel. La DPEF est différente du rapport RSE précédemment exigé en cela qu'elle demande une analyse selon le principe de pertinence développé par le GRI (*materiality*), c'est-à-dire un travail de cartographie des risques environnementaux et sociétaux, et de hiérarchie afin de rapprocher les enjeux extra-financiers des enjeux financiers. L'entreprise doit ensuite analyser les thèmes qui sont pertinents parmi les 43 listés en la loi Grenelle 2 et présenter les politiques, plans d'actions et indicateurs permettant d'encadrer les risques significatifs identifiés. Cette déclaration est mise à la disposition du public et publiée sur le site internet de l'entreprise. Selon les seuils atteints par l'entreprise, une vérification

———————————————

nombre moyen de salariés permanents supérieur ou égal à 500.

[222] La date limite de transposition étant le 06 décembre 2016.

[223] Décret n° 2017-1265 du 9 août 2017 pris pour l'application de l'ordonnance n° 2017-1180 du 19 juillet 2017 relative à la publication d'informations non financières par certaines grandes entreprises et certains groupes d'entreprises.

des données par un organisme agréé (Organisme Tiers indépendant, OTI) peut être exigée. La DPEF doit contenir des éléments détaillés[224] en matière d'environnement, mais ne fait pas encore l'objet d'un rendu normalisé[225]. En matière de pollution atmosphérique, les mesures de prévention, de réduction ou de réparation des rejets doivent être présentées, ainsi que la consommation d'énergie, les rejets de GES et l'adaptation aux conséquences du changement climatique. Le rapport doit contenir un bilan des émissions de GES.

Pour un transporteur comme CMA-CGM[226], « emblème » du transport maritime,

---

[224] Le rapport doit comprendre a) la Politique générale en matière environnementale; b) les mesures liées à la Pollution ; c) l'Economie circulaire (i) Prévention et gestion des déchets (ii) Utilisation durable des ressources; d) le Changement climatique ; et enfin e) la Protection de la biodiversité.

[225] Un guide AFNOR normalisation vient cependant d'être publié à cet effet : FD X30-024

[226] Présent dans plus de 160 pays avec 755 agences, 750 entrepôts et 110 000 salariés et doté d'une flotte de 509 navires, le Groupe CMA-CGM dessert 420 des 521 ports de commerce du monde et opère sur plus de 200 lignes maritimes. Données du site internet : http://www.cma-cgm.fr/a-propos/le-groupe

« fleuron français de la conteneurisation[227] », il est impossible de ne pas afficher un intérêt pour les questions sociétales. Le groupe déclare employer 110 000 collaborateurs dans 160 pays et gérer 509 navires pour 31 milliards de dollars de chiffre d'affaire. Dans ce rapport annuel ou sur son site internet, CMA-CGM ne fait pas référence aux principes directeurs de l'OCDE et n'adhère pas au Pacte Mondial des Nations-Unies. En revanche, le rapport RSE de 2017[228] présente dès son introduction une analyse de matérialité qui identifie d'ailleurs la pollution et les rejets comme des sujets majeurs, correspondant aux standards du GRI4. Le groupe affiche clairement les taux d'émissions de polluants atmosphériques (SOx, NOx et GES), de la flotte en propriété et affrétée. Par ailleurs, le groupe a mené des démarches pour être noté par les nouveaux acteurs de la RSE comme les agences de notation extrafinancières sur lesquelles nous reviendrons plus loin.

Pour un autre acteur maritime français comme Louis Dreyfus Armateur, plus discret et pourtant important (un groupe de 2 600 employés, une flotte d'une centaine de navires), les obligations se présentent

---

[227] Paul TOURRET, *CMA-CGM, fleuron français de la conteneurisation*, Note de synthèse n°173, ISEMAR, mai 2015.

[228] Rapport RSE 2017, https://www.cmacgm-group.com/fr/nos-engagements

différemment. En effet la société n'est pas cotée en bourse. L'organisation du groupe, en multiples sociétés par actions simplifiées (SAS), lui permet d'éviter l'obligation de la déclaration des performances extra-financière, malgré des chiffres d'affaire relativement élevés (70 millions d'euros de chiffre d'affaire en 2017 pour la seule filiale de vrac sec, LD Bulk, par exemple[229]) mais qui restent sous le seuil des 100 millions. Nous trouvons quelques éléments de politique environnementale sur le site internet du groupe[230] : être conforme aux conventions internationales, être certifié ISO 14 001, identifier les impacts et mettre en place des actions préventives et correctives mais cela reste très général. Il n'existe pas non plus de rapport en ligne. Et pour cause, le statut des sociétés du groupe lui permet d'éviter l'obligation de la déclaration des performances extra-financière. Quant au « code de conduite » dont il en est bien question sur le site internet, comme d'une « *déclaration officielle de nos valeurs* (...) », il n'est pas non plus disponible en ligne[231].

---

[229] Chiffres issus du site :
https://www.societe.com/societe/louis-dreyfus-armateurs-sas-652012311.html
[230] Disponible au lien suivant : https://www.lda.fr
[231] Il n'est pas question ici de porter un jugement de valeur sur les qualités de la société en question – il s'agit uniquement d'analyser les obligations auxquelles elle peut

Le cadre juridique de la prévention de la pollution atmosphérique ainsi examiné met à jour des avancées claires concrétisées depuis 10 ans par l'enrichissement des instruments conventionnels et par le renforcement d'un cadre réglementaire notamment en Europe et à l'initiative unilatérale de certains pays. Les aspects techniques sont transcrits en règles de droit, resserrant peu à peu les marges de manœuvre des acteurs du transport maritime, tout au moins en matière d'émissions d'oxydes de soufre et d'azote. La question des GES est pour l'instant moins sujette à des normes contraignantes, laissant une liberté de manœuvre aux opérateurs.

La RSE, en développant des procédures et des indicateurs pourrait permettre une progression en permettant de comparer les acteurs économiques et d'orienter le choix des consommateurs mais elle doit elle-même subir une normalisation. Or, il semble que ce soit le chemin emprunté actuellement par la voie réglementaire. La « juridicisation » dans une certaine mesure de la RSE permettrait alors de reconnecter le « pouvoir » aujourd'hui largement aux mains des multinationales et la « responsabilité » que doit garantir

____

être soumise et les engagements qu'elle prend volontairement et publiquement.

l'Etat pour obliger les premières à répondre des conséquences de leurs décisions.

Le transport maritime international a été dénoncé comme « en retard » par rapport aux autres secteurs de transport face aux enjeux de la pollution atmosphérique. Il semblerait qu'il soit aujourd'hui au cœur de la rencontre de deux démarches, l'une conventionnelle et réglementaire, et l'autre issue d'une réintégration du principe de responsabilité au sein de l'entreprise. C'est là tout l'intérêt : les propositions qui sont nées dans le contexte particulier de la responsabilité sociale peuvent trouver écho et confirmation dans un cadre conventionnel – comme celui de la résolution GES de l'OMI. Est-ce qu'un tel régime juridique nécessitera de passer par une écriture réglementaire ? Il semble que ce soit maintenant une question de rapidité et d'engagement concret de la part des acteurs du transport maritime. Est-ce que les instruments développés dans le cadre précédemment présenté permettent cette mutation ? C'est ce que nous allons examiner maintenant.

TITRE II – DES INSTRUMENTS JURIDIQUES ENCORE INSUFFISANTS POUR UNE PREVENTION EFFICACE

Il s'agit désormais de comprendre quels sont les effets de ce nouveau régime juridique et si l'écriture règlementaire actuelle est suffisante pour permettre une évolution des pratiques répondant aux enjeux de la pollution atmosphérique. Nous analyserons dans un premier temps comment les instruments « classiques » que sont les règles conventionnelles issues de la Convention MARPOL, ainsi que le droit dérivé de l'UE et les règles de l'ordre juridique interne, provoquent une évolution de la flotte marchande par le biais d'adaptations individuelles (**chapitre 1**). Nous nous pencherons ensuite sur les effets des instruments de régulation plus novateurs : soft law et instruments de marché, afin d'évaluer leur opportunité pour une transition collective (**chapitre 2**).

CHAPITRE 1 – LES INSTRUMENTS DU DROIT CONVENTIONNEL ET REGLEMENTAIRE AU SERVICE D'ADAPTATIONS INDIVIDUELLES

Les dispositions issues des instruments du droit conventionnel et de la réglementation procèdent de deux logiques différentes (**section 1**) qui engendrent une redistribution des responsabilités, tout en restant dans le régime de la liberté d'établissement des sanctions (**section 2**).

Les règles de l'OMI et de l'UE s'appuient d'une part, sur l'obligation de respecter des seuils qui deviennent de plus en plus rigoureux dans une démarche de progression et d'autre part sur des procédures obligatoires, qui ne constituent qu'une étape vers de nouvelles règles.

La Convention MARPOL ratifiée par 157 États constitue le principal outil juridique de prévention de la pollution par les navires. Elle a pour champ d'application (art. 3) le navire qui est *autorisé à battre le pavillon d'une Partie à la Convention* ou *qui est exploité sous l'autorité de cette Partie*. Le navire a ici une définition large (art. 2.4) puisqu'il s'agit *d'un bâtiment exploité en milieu marin de quelque type que ce soit, englobant les hydroptères, les aéroglisseurs, les engins submersibles, les engins flottants et les plateformes fixes ou flottantes*. Entrée en vigueur en 1983 puis modernisée par le protocole de 1997 qui intègre l'annexe VI, MARPOL comprend six annexes[232] qui ont trait aux risques environnementaux liés à la navigation par le rejet de substances polluantes dans un cadre opérationnel ou accidentel. Les annexes I, II et VI présentent un caractère obligatoire[233]. L'annexe VI lie 93 États qui représentent 96,70 % de la flotte mondiale[234]. Elle est constituée de 25 règles et 8 appendices, en 5 chapitres[235]. Elle a subdivisé la pollution atmosphérique en 3 catégories : les émissions de CO2, de soufre et d'azote avec chacune leur propre encadrement juridique conçu pour s'adapter aux données scientifiques et techniques[236]. Les directives

---

[232] Hydrocarbures (annexe I), substances liquides nocives transportées en vrac (II) ou en colis (III), eaux usées (IV), déchets (V), et rejets dans l'atmosphère (VI) sont ainsi pris en compte de manière optionnelle (annexes III, IV et V) ou obligatoire (annexes I, II et VI)

[233] Elles sont liées aux protocoles de 1978 (pour les annexes I et II) et au protocole de 1997 (pour l'annexe VI)

[234] Données sur l'état de ratification des conventions issues de l'OMI et datées du 10 avril 2019.

[235] 1-Généralités, 2-Visites, délivrance des certificats et mesures de contrôle, 3-Prescriptions relatives au contrôle des émissions provenant des navires, 4-Règles relatives au rendement énergétique des navires, 5-Vérification du respect des dispositions de cette annexe.

[236] N. CLARENC BICUDO, *op.cit.*, note 99, p.369.

européennes[237] et le règlement 2015/757 mettent en œuvre des particularités applicables aux « eaux européennes » mais les deux sources de droit, OMI et UE, imposent des seuils de nuisance dont l'efficacité est à nuancer (**§1**), et une procédure obligatoire dont le contenu diffère (**§2**).

§1. Les seuils de nuisance : une efficacité à nuancer

I.   Les seuils à respecter

L'objectif affiché dans les lignes directrices de l'OMI est de réduire les émissions de CO2 de 40% d'ici 2030 et poursuivre les efforts jusqu'à 70 % d'ici 2050, comparé à 2008. Les émissions de GES quant à elles, doivent être divisées par 2 d'ici 2050 comparé à 2008.

L'indice nominal d'efficacité énergétique (Energy Efficiency Design Index, EEDI) a été introduit en 2011[238] dans la convention MARPOL et concerne tous les navires de jauge brute supérieure à 400. Il est obligatoire depuis le 1er janvier 2013 (règle 20, Annexe VI MARPOL). Il s'agit d'un calcul théorique détaillé dans la résolution MEPC.212(63) qui compare les émissions du navire (en g de CO2 émis) à la capacité et la vitesse

---

[237] Directives 1999/32/CE, 2005/33/UE, 2012/33/UE et 2016/802/UE

[238] Lors du MEPC.203(62)

de celui-ci, soit un rapport [puissance moteur / (vitesse x capacité)], en incluant des facteurs de correction liés à la nature des combustibles utilisés[239]. Cet EEDI doit être inférieur à l'EEDI requis, une grandeur qui a été calculée et validée lors des MEPC et qui affiche une réduction tous les 5 ans à partir de 2013 afin d'atteindre une amélioration de 30% en 2025. L'EEDI est vérifié par l'État du pavillon ou par un organisme dûment autorisé par elle (une société de classification) qui délivre le certificat de rendement énergétique (IEE), que le navire devra présenter à l'État du port lors de ses escales.

Parmi les facteurs d'efficacité énergétique du navire, la forme de la coque et l'hélice sont deux facteurs importants. L'EEDI, qui fixe un seuil à ne pas dépasser, a sans doute permis d'améliorer la conception des navires, mais seulement en partie. Ainsi, une étude du CE Delft en 2015[240] a révélé que dès 2014, de nombreux navires respectaient déjà l'EEDI requis pour 2020, et 34% des porte-conteneurs et 43% des cargos étaient aux normes pour 2030. En pratique, des évolutions dans la forme de la coque et l'efficacité de la propulsion

---

[239] Un facteur d'émission permet de convertir la consommation de combustible en masse de CO_2 émise en utilisant la quantité de carbone contenue dans ce dernier.

[240] Jasper FABER et al, CE Delft, Estimated Index Values of New Ships, Analysis of EIVs of Ships That Have Entered The Fleet Since 2009, Mars 2015

ont permis d'améliorer l'efficacité du transport, mais c'est surtout la diminution de la puissance des moteurs et l'augmentation de la vitesse moyenne qui ont permis aux navires d'atteindre des EEDI bas, ce qui ne représente pas nécessairement un grand progrès : à vitesse constante, des améliorations technologiques plus importantes pourraient être réalisées[241].

Cette 1ère règle est donc relativement peu contraignante au vu des normes adoptées : celles-ci sont déjà atteintes voire dépassées par un certain nombre de navires dans toutes les catégories. De plus, elle ne s'applique qu'aux navires dont le contrat de construction est passé après le 1er janvier 2013[242] et nécessite donc un renouvellement de la flotte pour être effectif.

Lors de la 73ème session d'octobre 2018, le MEPC a évoqué la possibilité d'avancer les exigences de la phase 3 de 2025 à 2022 pour certaines catégories de navires, ainsi que d'augmenter le niveau de performance jusqu'à 50% pour les porte-conteneurs, ce qui a été confirmé lors de la 74ème session mi-mai 2019.

---

[241] Jasper FABER et al, CE Delft, Estimated Index Values of New Ships, Analysis of EIVs of Ships That Have Entered The Fleet Since 2009, Mars 2015

[242] Un navire existant avant cette date mais ayant subi des transformations importantes devra lui aussi se soumettre à l'EEDI requis.

La facilité avec laquelle l'EEDI requis est atteint pour certains navires démontre sans doute la difficulté d'établir des normes dans un domaine nouveau. En revanche, dès 2014, cette faiblesse a été présentée et a mis 5 ans à être corrigée. Une limite existe néanmoins : celle de la sécurité de la navigation. Le navire doit pouvoir conserver une réserve de puissance et une vitesse qui lui permettent d'être manœuvrant notamment dans de mauvaises conditions.

La question des émissions d'oxydes d'azote repose sur la qualité de la combustion dans le moteur. La règle 13 de l'Annexe VI MARPOL s'applique à chaque moteur diesel marin de puissance de sortie > 130 KW. Elle impose 3 niveaux limites d'émissions en fonction du régime nominal du moteur, selon la date de construction du navire. Ceux construits après le 1er janvier 2000 doivent respecter le niveau I[243] (Tier I), ceux après le 1er janvier 2011, le niveau II (Tier II, plus restrictif) et enfin ceux construits après le 1er janvier 2016 doivent respecter le niveau III (Tier III, le plus contraignant) lorsqu'ils naviguent dans une zone de

---

[243] Les mêmes limites s'appliquent pour les navires construits entre 1990 et 2000 mais l'administration de l'Etat du pavillon doit avoir approuvé une méthode d'homologation et l'ait notifié à l'OMI.

contrôle des émissions (ZCE[244]). Un guide spécifique « code technique sur les NOx » a été adopté en 2008, qui fixe les procédures d'essai, d'inspection et de certification des moteurs. La certification de la conformité des moteurs doit être jointe en permanence au certificat international de prévention de la pollution de l'atmosphère (IAPP) pour que celui-ci soit complet.

La règle 14 de l'Annexe VI MARPOL est sans doute la plus emblématique, ou en tout cas, celle dont il a été question dans les médias. Elle impose une teneur en soufre maximale dans le fuel-oil lourd utilisé à bord, et établit des seuils de plus en plus restrictifs passant de 4,5% à 3,5% après le 1er janvier 2012 puis à 0,5% après le 1er janvier 2020[245]. La règle 4 de l'annexe VI permet cependant la mise en place, sous l'autorité de l'Etat du pavillon, d'installations, de procédures ou de fuel-oils de substitution à condition qu'ils ne soient pas moins efficaces que ceux prescrits dans l'annexe pour réduire les émissions visées. Les dispositifs autorisés doivent

---

[244] Il est à noter que l'OMI a validé lors de la 70ème session du MEPC le fait que les zones déterminées en mer Baltique et mer du Nord seront aussi des ZCE au regard des NOx à partir du 1er janvier 2021. Le niveau Tier III s'appliquera alors pour les navires construit après le 1er janvier 2021.

[245] Le MEPC 280(70) a confirmé cette date nonobstant les arguments de non disponibilité de combustible allégé en soufre.

être rapportés à l'OMI par l'administration de l'Etat du pavillon, et ne doivent pas produire d'effets nuisibles ou porter atteinte à la santé de l'homme, l'environnement, ou aux ressources d'autres États. Cela concerne la possibilité d'installer des dispositifs de traitement des fumées (scrubbers) sur les navires, qui traitent donc les SOx produits par la combustion du fuel-oil lourd. La difficulté est que ces dispositifs génèrent des déchets nocifs pour l'environnement marin. Or certaines installations rejettent en mer ces déchets (dispositif en « open-loop »). Certains pays ou ports[246] ont interdit ces rejets – règle à laquelle l'OMI pourrait emboîter le pas. Allant plus loin que les seuils précédents, la règle 14 établit aussi une teneur en soufre plus contraignante dans les ZCE : passant de 1,5 à 1% à partir du 1er juillet 2010 puis à 0,1% à partir du 1er janvier 2015. Si un navire veut utiliser deux types de combustibles, il doit prévoir *une procédure écrite* indiquant *comment se fait le changement de fuel-oil en prévoyant suffisamment de temps pour que le circuit de distribution se vide entièrement* avant l'entrée dans la ZCE.

L'utilisation de fuel-oil conforme fait l'objet du certificat IAPP, au même titre que la conformité du moteur aux normes d'émissions de NOx. Il est à la charge de l'Etat du pavillon, comme vu précédemment, qui peut le déléguer à une société de classification pour la visite

---

[246] La Chine, Singapour, de nombreux ports nord-européens

initiale. Le contrôle s'effectue sur la base des bons de soute : d'après la règle 18.4 de l'Annexe VI le détail du fuel-oil qui est livré et utilisé à bord doit être consigné dans un document (normalisé selon l'appendice 5 de l'Annexe VI) à conserver 3 ans à bord dans un endroit facilement accessible. Le navire doit fournir la preuve qu'il cherché à acheter du fuel-oil conforme, et qui s'il n'était pas disponible, il a essayé d'en trouver d'autre (règle 18.2.1.2). Cependant « *il ne devrait* » pas être exigé que le navire s'écarte de sa route ou ne se retarde indûment pour cela (règle 18.2.2), et le navire doit alors notifier son administration et l'autorité du port de destination (règle 18.2.2.4). Les bons de soute sont en réalité une « note de livraison » qui a été établie par le fournisseur du fuel-oil. Lors du soutage, un échantillon représentatif du fuel-oil doit être prélevé (règle 8.1 de l'Annexe VI) selon une procédure précisée par la résolution MEPC.182(59) du 2009 qui exige que celui-ci soit scellé et signé par le fournisseur et le capitaine[247]. Cet échantillon sera conservé à bord pendant au minimum 12 mois.

Au sein de l'UE, la directive 2016/802 codifie à droit constant la directive 1999/32 modifiée par la directive 2005/33 puis 2012/33. Il y a peu de différence entre cette directive et les règles de l'annexe VI de la MARPOL concernant la réduction de la teneur en soufre du fuel-

---

[247] Ou l'officier en charge du soutage.

oil : les mêmes seuils ont été retenus, les mêmes reconnaissances de dispositif équivalent (scrubber) ont été validées. Deux points diffèrent cependant[248] : d'une part les eaux de lavage issues des scrubbers qui utilisent des produits chimiques, des additifs ne doivent pas être rejetées en mer, s'il n'est pas démontré par l'exploitant du navire que ce rejet d'eau de lavage n'a aucune incidence négative notable et ne pose pas de risques pour la santé humaine et l'environnement (article 8 §4). D'autre part, la directive impose une mesure plus rigoureuse sur les navires à passagers – à l'origine de la question préjudicielle auprès de la CJUE précédemment évoquée et du contentieux concernant le navire Azura à Marseille sur lequel nous reviendrons plus loin et pour les moments où les navires sont à quai. La teneur maximale de soufre est en effet de 0,1% dès le 1er janvier 2010 pour les navires restant plus de 2h à quai dans les ports de l'UE. Enfin, la directive a imposé de fait la date du 1er janvier 2020 pour le seuil de 0,5% - sans laisser ouverte la possibilité de repousser cette limite, contrairement à la proposition de l'OMI (qui a finalement abandonné aussi cette possibilité).

---

[248] M. MORIN, *op. cit*, note 124, p.10.

II. Des adaptations technologiques immédiates à titre individuel

Le monde du transport maritime a proposé plusieurs solutions techniques pour respecter les nouveaux seuils : motorisation, traitement des fumées, changement de combustibles ou évitement des zones de contrôle des émissions.

La restriction des seuils d'émission d'azote impose des évolutions dans la motorisation ou dans le type de combustible utilisé. En interne au moteur, différents processus (humidification de l'air de suralimentation, émulsion du combustible avec de l'eau, injection directe d'eau dans le cylindre) permettent de diminuer jusqu'à 60% des émissions. Les nouvelles normes ont poussé les constructeurs de moteur comme Wärtsila à développer de nouveaux engins, plus performants.

Au-delà du moteur, des systèmes de traitement des fumées (Selective catalyic reduction ou Exhaust Gas recirculation) permettent aussi de diminuer fortement les émissions de NOx (de 60% à 90%). Ces technologies de traitement des fumées engendrent cependant des déchets (boues) qu'il convient ensuite de retraiter à terre. C'est surtout en matière de traitement des oxydes de soufre et de particules que des installations (scrubbers) ont été développées. Le coût d'installation d'un scrubber oscille entre 5 et 10 millions de USD[249]. Cet investissement coûteux a été envisagé pour les navires qui croisent régulièrement dans les ZCE. Le flou sur les prix de lancement des fuel-oils à faible teneur en soufre et leur disponibilité[250] pour 2020 a provoqué une commande importante sur l'installation de tels systèmes : 700 rien que sur les 5 300 porte-conteneurs

---

[249] Note de synthèse n°204, ISEMAR, novembre 2018.

[250] D'après une note de l'IFP énergies nouvelles de 2018 disponible en ligne au lien suivant : https://www.connaissancedesenergies.org/sites/default/files/pdf-pt-vue/15-panorama-2018_vf_reductionemissionssouffretransportmaritime.pdf , il apparaît probable à l'approche de l'échéance 2020 que l'ensemble des raffineurs qui alimentent ce marché (estimé entre 100 et 300 Mt) ne pourront temporairement pas satisfaire la totalité de la demande. Certaines raffineries sont en effet configurées de sorte qu'il ne leur sera pas possible de produire en quantité suffisante de fuel-oil allégé en soufre sans investissement dans des capacités supplémentaires de désulfuration ou de conversion de résidus à haute teneur en soufre. Le trop faible nombre de projets d'investissement annoncés à ce jour dans ce type de procédés (lesquels se chiffrent en G$ par unité) et leur durée de construction (2 à 5 ans) rendent probable un manque à l'horizon 2020. En d'autres termes, un déséquilibre offre/demande en combustibles marins à 0,5% en soufre provisoire (d'une durée indéterminée) est redouté lors de l'entrée en vigueur des futures exigences de l'OMI.

en service. A ce jour, environ 2 000 navires sont déjà équipés[251]. Pour autant, la question des scrubbers est à nouveau soulevée lors de la 74ème réunion du MEPC : un moratoire sur ces systèmes a été réclamé par une dizaine d'ONG environnementales. De plus, cette solution, qui permet d'utiliser encore du fuel-oil lourd, ne règle en rien la question des émissions de GES.

C'est l'utilisation d'un combustible allégé en soufre qui est la 1ère solution envisagée par les règles de l'OMI. Celle-ci nécessite cependant des aménagements notamment lorsque les deux carburants cohabitent encore, avec l'établissement de procédures sécurisées. L'association internationale des sociétés de classification (IACS) a préparé des recommandations[252], mais reconnaît que ce domaine est largement en-dehors de son expertise. L'utilisation du fuel-oil allégé pèse très lourd : Maersk estime à au moins 2 milliards de dollars le surcoût engendré pour lui (et 15 milliards pour l'ensemble des opérateurs de lignes régulières). Maersk souhaite reporter cette surcharge financière

---

[251] Données du journal Le Marin :
https://www.lemarin.fr/secteurs-activites/environnement/33755-le-groupe-roullier-se-lance-sur-le-marche-des-scrubbers
[252] IACS Recommendation 151, 'Recommendation for petroleum fuel-oil treatment systems for marine diesel engines'.

sur le chargeur et a publié un barème de ses surcharges. Entre ces deux solutions : recours au scrubber ou utilisation d'un combustible allégé, le choix se fait aussi en fonction des capacités d'investissement de l'opérateur, selon qu'il préfère un poste de dépense plus important en opération (OPEX) ou en investissement (CAPEX). Notons cependant que quel que soit le choix envisagé, il permet de répondre à la réglementation SOx mais pas à la question des GES.

Une autre possibilité est le recours au Gaz Naturel Liquéfié, GNL. L'Institut supérieur d'économie maritime Nantes Saint-Nazaire (ISEMAR) estimait qu'en 2018, 121 navires utilisaient ou étaient en capacité d'utiliser le GNL et que ce chiffre aurait doublé en 2025 au regard des commandes passées auprès des chantiers navals. Il s'agit avant tout de navires à passagers, ferries et bientôt paquebots neufs, qui opèrent dans les ZCE. Par sa part, CMA-CGM a commandé 9 porte-conteneurs de 22 000 EVP. Les études économiques situent le coût du GNL entre celui du fuel-oil allégé en soufre et celui du diesel marin, avec une disponibilité assurée au regard des réserves mondiales, mais pas en matière d'infrastructure de distribution. Le coût des installations liées au GNL (moteur, réservoirs) peut augmenter le prix de 30% par rapport à une installation conventionnelle. Les risques qui pèsent sont aujourd'hui ceux de la sécurité et de la possibilité d'approvisionnement (les infrastructures et les règles juridiques ne sont pas encore prêtes). La limitation des émissions SOx et NOx est très importante. En revanche, le GNL ne limite que de 20% les émissions de GES par rapport au fuel-oil et sa production génère des impacts environnementaux importants notamment lors du recours à la fracturation hydraulique[253].

La stratégie d'évitement des ZCE, qui permettrait de s'affranchir des seuils les plus restrictifs en matière de SOx et de NOx n'a pas encore fait l'objet d'études. Elle semble cependant difficilement réaliste dans le commerce international au vu de l'ampleur des zones déjà concernées – d'autant plus que la Méditerranée pourrait elle-même basculer en ZCE. En effet, la France milite depuis quelques années déjà sur l'instauration d'une ZCE. Un travail entre les gouvernements français, espagnol, italien et monégasque a abouti à la mise en œuvre d'une étude d'impact[254] du projet « ECAMED »

---

[253] C. DESMOULINS, Le renouveau des systèmes de propulsion au gaz, une réponse des industriels aux échéances des normes d'émission de polluants atmosphériques de l'Annexe VI de la MARPOL, Mémoire de Master 2 droit et sécurité des activités maritimes et océaniques, Université de Nantes, 2018, p38.
[254] L.ROUIL et al., *ECAMED: a Technical Feasibility Study for the Implementation of an Emission Control Area (ECA) in the Mediterranean Sea*, Verneuil-en-Halatte, Institut national de l'environnement industriel et des risques, 2019. L'étude a été

publiée en janvier 2019[255]. Ces travaux devraient être déposés à la 75ème session du MEPC (2020) pour une adoption des mesures l'année suivante. Il faudra cependant convaincre un certain nombre d'États méditerranéens dont la flotte est importante comme la Grèce ou la Turquie, ainsi que les transporteurs pour adopter cette nouvelle zone de contrôle des émissions, qui constitue un couloir important des échanges entre Europe et Asie.

---

menée par le Cerema, le CITEPA, l'INERIS et le Plan Bleu pour la Méditerranée.

[255] Après l'étude de 17 000 navires qui traversent régulièrement la Méditerranée et des émissions polluantes dont ils sont responsables, les conclusions suivantes ont été dressées : le passage à 0,1% de soufre réduirait de 95% les émissions d'oxyde de soufre (SOx, caractéristique du carburant utilisé), et jusqu'à 100 % des émissions pour les zones portuaires. Si la ZCE comprend aussi les règles sur les moteurs, la réduction des émissions d'oxyde d'azote atteindrait à terme 77% (avec 100% des navires en Tier III), particulièrement au niveau des côtes et à l'est de la Méditerranée. Enfin, il réduirait jusqu'à 80 % des émissions de particules de toute taille, surtout en Italie et en Afrique du Nord. Sur la Méditerranée, en moyenne 15 à 20% des particules fines qui disparaîtraient, ce qui permettrait d'éviter plus de 6 000 décès prématurés. La mise en place de cette ZCE en Méditerranée coûterait entre 1,37 et 2,66 milliards d'euros par an, mais permettrait d'épargner 8 à 14 milliards d'euros en matière de coût de santé

En matière d'impact des ZCE, un premier bilan de mise en œuvre de la directive 2016/802[256] en avril 2018 fait mention de plus de 93 % des navires inspectés dans les zones de contrôle des émissions de SOx européennes respectant les valeurs limites plus strictes relatives aux concentrations de soufre, ce qui a conduit à une réduction sensible des concentrations de dioxyde de soufre dans l'air ambiant dans les régions bordant ces zones[257].

§2. La procédure obligatoire : une mesure complexe

I.   Une procédure identique aux contenus différenciés

Au-delà de la conception, une autre règle a été établie, en deux temps : l'obligation d'établir un plan de gestion du rendement énergétique (Ship Energy Efficiency Management Plan, SEEMP) (règle 22) pour tous les navires de jauge > 400 puis, à compter du 1er janvier 2019, l'obligation pour les navires de jauge brute > 5 000 de renseigner la base de données de l'OMI sur la

---

[256] COM(2018)188 final

[257] Par exemple, jusqu'à 60 % au Danemark, jusqu'à 50 % sur l'île allemande de «Neuwerk » en mer du Nord, sur les îles d'Öland (Ottenby) et de Gotland (Hoburgen) en Suède, et de plus de 20 % dans la région de Rotterdam-Rijnmond.

consommation de fuel-oil (règle 22A, Data collection plan, DCP).

Le SEEMP a fait l'objet d'un guide développé en annexe 10 de la MEPC.282(70)[258]. Il doit être développé en 2 parties. La première partie permet à tout navire de travailler sur l'efficacité énergétique actuelle du navire et ses objectifs en matière d'amélioration en décrivant toute les mesures prises lors de l'exploitation ainsi que le suivi de leur mise en œuvre (routage météo, « just in time[259] », optimisation de la vitesse, des ballasts, maintenance de la coque, du système de propulsion, de la cargaison, gestion de l'énergie à bord, type de combustible...). L'indice d'efficacité opérationnel (Energy Efficiency Operational Index, EEOI), non obligatoire et non cité dans l'annexe VI peut être utilisé à cette fin.

La seconde partie a été ajoutée ultérieurement en raison du manque de précision et d'uniformisation des résultats liés à la 1ère partie, ainsi que l'a relevé l'UE.

---

[258] MEPC.282(70) - 2016 Guidelines for the development of a ship energy efficiency management plan.

[259] La technique du « juste à temps » permet aux biens d'arriver sur le site précisément au moment où ils sont nécessaires. En matière maritime, cela permet d'éviter la congestion des ports et donc l'attente à l'entrée des ports, qui oblige à une dépense énergétique et des émissions supplémentaires.

Ainsi, à la fin de chaque année civile, le navire doit notifier dans les 3 mois à son administration les données suivante : n° OMI, catégorie de navire, jauges (brute, nette, port en lourd), EEDI, distance parcourue et heures pendant lesquelles le navire fait route, ainsi que les consommations de fuel-oil par type, en tonnes, en précisant la méthode retenue : lecture des bons de soute (BDN), lecture des débitmètres par mesure directe dans les cuves du navire, voire mesure directe du débit de CO_2 dans les fumées.

La distance parcourue est mesurée de quai à quai, y compris les voyages techniques. Dans le système MRV, seuls les voyages commerciaux sont pris en compte. Le Secrétaire général de l'OMI tient une base de données anonyme à laquelle les États pourront avoir accès (dans le système MRV, tous les citoyens de l'UE auront accès aux données nominatives). Les données de cette partie II du SEEMP doivent être reçues par l'administration (l'Etat du pavillon du navire) qui doit déterminer si elles sont conformes aux attentes et qui délivre alors une déclaration de conformité – Notification de la consommation de fuel-oil que le navire devra présenter à l'État du port lors de ses escales (future règle 6.6).

Le règlement 2015/757 (MRV) quant à lui oblige les transporteurs maritimes à soumettre à un vérificateur agréé (une entité indépendante comme les sociétés de classification) avant le 31 août 2017 un plan de surveillance (selon un modèle normalisé) de ses émissions de CO_2[260], contenant les procédures qu'il mettra en œuvre. Le vérificateur homologuera alors la procédure avant le début de la période de déclaration. Puis à partir du 1er janvier 2018, les obligations de suivi des émissions des navires de jauge brute supérieure 5 000[261] qui font escale en Europe seront mises en œuvre. Sont concernées, comme dans le DCP de l'OMI, les émissions en mer ou à quai. Les mêmes méthodes de mesures que pour le DCP sont autorisées (notes de livraison de soutes, lecture des jauges de soute, débitmètres ou mesure directe des émissions de CO_2)

---

[260] L'UE comme l'OMI ne retient que ce gaz, principal GES émis par le transport maritime, afin de réduire la charge administrative pour les propriétaires et exploitants de navires.

[261] Ce seuil a été retenu car les navires d'une jauge brute supérieure à 5 000 représentent environ 55 % des navires faisant escale dans les ports de l'Union et sont responsables d'environ 90 % des émissions y afférentes. Ce seuil non discriminatoire garantirait la prise en compte des principaux émetteurs. Un seuil plus bas alourdirait la charge administrative, tandis qu'un seuil plus élevé restreindrait la couverture des émissions et limiterait l'efficacité environnementale du système MRV.

et les calculs prennent en compte des facteurs d'émission appropriés si nécessaire[262].

Au contraire du DCP qui compile les émissions totales, la surveillance exigée par l'UE doit être réalisée par voyage, sauf si le navire effectue plus de 300 voyages par période de déclaration.

Dès 2019, les résultats feront l'objet d'un rapport annuel soumis le 30 avril au plus tard à la Commission et à l'Etat du pavillon. Le vérificateur aura auparavant jugé la déclaration satisfaisante et aura délivré un rapport de vérification et, au plus tard le 30 juin, un document de conformité au navire concerné, qui doivent le conserver à bord jusqu'à la prochaine période de déclaration. Enfin, chaque année pour le 30 juin, la Commission met à disposition du public les informations nominatives issues de ces rapports (identité du navire, EEDI, émissions annuelles de CO2, rapportées à la distance parcourue et à la cargaison transportée...).

Une proposition de règlement du Parlement européen et du Conseil modifiant le règlement 2015/757 afin de l'uniformiser avec le système mondial DCP de l'OMI a été communiquée le 4 février 2019[263]. Elle propose

---

[262] Utilisation de biocombustible ou de combustibles de substitution d'origine non fossile.
[263] COM(2019) 38 final

d'aligner le règlement de l'UE sur un certain nombre de sujets[264]. En revanche, elle souhaite maintenir le champ d'application du règlement (qui exclut les opérations de dragage, la pose de canalisation, et le soutien aux installations en mer), une déclaration séparée pour les ports de l'UE, la vérification par un tiers accrédité ainsi que la publication des données non « anonymisées ». L'harmonisation des procédures n'est donc pas envisagée.

Les initiatives unilatérales des États ont aussi fait naitre de nouvelles procédures contraignantes. Ainsi en Californie, une réglementation de 2008 initiée par la « *Californian Air Resources Board* (CARB)», Agence pour la qualité de l'air californienne[265], « At-Berth regulation »[266] impose des obligations pour tous les

____

[264] Les sujets qui pourraient être alignés sur les recommandations de l'OMI sont la compagnie, la période de déclaration, le changement de compagnie, le passage au port en lourd obligatoire (mais en conservant la cargaison transportée pour les compagnies qui souhaitent calculer efficacité/cargaison), et le calcul de la distance parcourue.

[265] Il s'agit d'une entité de l'Environmental Protection Agency, EPA fédérale. C'est elle qui réglemente la qualité de l'air en Californie. C'est une exception aux Etats-Unis due au fait qu'elle a été créée avant l'EPA.

[266] Airborne Toxic Control Measure for Auxiliary Diesel Engines Operated on Ocean-Going Vessels At-Berth in a

opérateurs des porte-conteneurs, navires à passagers et navires réfrigérés qui font escale dans ses ports[267] : à partir de 2014, le branchement à quai[268] est obligatoire afin de diminuer la puissance des moteurs auxiliaires de moitié, et chaque flotte doit réduire ses émissions totales de 50% puis en 2017 de 70% et en 2020 de 80%.

Autre exemple, la Norvège[269] (non membre de l'UE) a décidé que certains fjords[270] basculeront en zone zéro émission à compter de 2026, et l'administration propose de limiter d'ici là le taux de soufre des carburants à 0,1 %. L'utilisation des épurateurs des gaz d'échappement de type scrubbers devrait être aussi interdite, quel que soit leur mode de fonctionnement

---

California Port, disponible au lien suivant:
https://www.arb.ca.gov/ports/shorepower/shorepower.htm
[267] Long Beach, Los Angeles, San Diego, Oakland, San Francisco et Hueneme.
[268] On parle de cold ironing ou de Alternative Maritime Power, AMP. Il est possible sinon d'utiliser une technologie de contrôle alternative qui permet d'obtenir des réductions d'émissions équivalentes. En pratique, les opérateurs ont adopté le branchement à quai (Maersk, CMA-CGM,...).
[269] Article du journal Le Marin publié le 08/11/2018
[270] Le Geirangerfjord et le Nærøyfjord. La mesure est étendue aux bras annexes des deux fjords, à savoir l'Aurlandsfjord pour le Nærøyfjord, les Sunnylvsfjord et Tafjord pour le Geirangerfjord.

(ouvert, fermé ou hybride), ce qui ne laissera plus que la possibilité de passer au gasoil. Même l'incinération des déchets à bord des navires pourrait être interdite, au motif des fumées dégagées dans ces paysages inscrits sur la liste du patrimoine mondial de l'Unesco.

II.   La nécessité pour les entreprises de s'adapter à leurs nouvelles compétences

Les procédures imposées par le SEEMP (l'optimisation de la gestion du navire et de la flotte, ainsi que le suivi des émissions de CO_2) ont probablement nécessité le recrutement de nouvelles compétences au sein des compagnies de transport maritime, et sans doute un investissement tout aussi conséquent en matière de métrologie, et de formation des équipes. C'est en tout cas ainsi que nous interprétons le sens des propos tenus dans les rapports annuels des armateurs tels que MSC ou Maersk.

Concernant la première partie du SEEMP qui consiste en l'optimisation de la gestion du navire ou de la flotte, il semblerait que des progrès aient été réalisés par les compagnies maritimes qui l'ont mise en œuvre. Ainsi, un certain nombre de rapports annuels font mention de diminution des émissions de GES uniquement par la mise en place d'une métrologie adaptée et d'une équipe dédiée à la surveillance de ces nouveaux paramètres :

le *just-in-time*, les préconisations de routage semblent avoir été pertinentes. Si elle reste facultative, cette réglementation n'en a certainement pas moins joué le rôle d'alerte auprès des compagnies, qui se sont intéressées de près à ces questions.

Quant à la seconde partie du SEEMP ou au système MRV : il est finalement difficile de conclure quant à sa mise en œuvre puisque les premiers retours d'expérience seront palpables d'ici quelques mois.

Mais finalement, cette procédure n'est que transitoire : il s'agit de mesurer les émissions pour proposer des solutions d'amélioration qui ne figurent pas encore dans un cadre réglementaire, excepté dans les quelques exemples que nous traitons ci-dessous. Et pourtant, nous assistons à une véritable proposition d'évolution.

En matière d'exploitation des navires, il semblerait que les procédures plus contraignantes adoptées unilatéralement par l'Etat de la Californie ont été concluantes. Ainsi, le rapport 2017[271] sur les émissions dans le port de Long Beach fait état d'une baisse de 85% des PM, de 56% des NOx, de 97% des SOX et de 18% du CO2 par rapport à 2005. En matière de gaz à effet de

---

[271] Consulté au lien suivant :
http://www.polb.com/civica/filebank/blobdload.asp?BlobID=14652

serre, c'est la technique du branchement à quai ou « cold ironing » qui est exigée de la part des porte-conteneurs notamment. L'opération est rapide, la fourniture d'électricité à la charge du port, mais des investissements doivent avoir été réalisés en amont sur le navire[272]. Évidemment comme le souligne le BIMCO : si la source d'énergie à quai ne provient pas d'énergie renouvelable, il ne s'agira que d'un déplacement de la pollution. Par ailleurs, il faut mettre en place une véritable gestion du risque car le branchement est délicat.

____

[272] Installation de tableaux électriques, systèmes de manipulation de câbles, transformateur, etc.

S'il est question du navire dans la plupart des textes, il s'agit bien ensuite de déterminer les responsabilités de chacun dans les actions qui conduisent le navire à être conforme Au-delà des cas relativement évidents liés à l'absence de certificat en règle ou à l'utilisation d'un carburant non conforme, d'autres contentieux sont envisageables. Ce renouvellement des responsabilités s'effectue principalement par le biais de la révision des instruments contractuels (**§1**) tandis que les moyens de contrôle et de sanctions semblent à renforcer (**§2**).

§1. Un renouvellement essentiellement par le biais de la révision des instruments contractuels

Le premier type de contentieux pourrait être relatif à la qualité du carburant fourni par les fournisseurs (teneur en soufre, instabilité...). Par sa règle 18 de l'annexe VI, la MARPOL impose des obligations aux États qui doivent (règle 18.1 de l'Annexe VI) « *faire tout ce qui est raisonnablement possible pour promouvoir la disponibilité de fuel-oils conformes aux nouvelles exigences et en informer l'OMI* ». De plus, les États s'engagent (règle 18.9) « *à faire en sorte que les autorités compétentes qu'elles désignent tiennent un registre des fournisseurs, exigent d'eux qu'ils établissent les bons de soute et les échantillons, conservent une copie des bons pendant 3 ans, prennent des mesures contre les fournisseurs de fuel-oil non conforme à la note, informent l'administration et l'OMI dans ce dernier cas. »*

En France, une liste de fournisseurs de combustibles marins a été mise à jour en application des directives européennes le 23 juin 2016. Elle devrait être en ligne sur la base de données de l'OMI (GISIS)[273]. En revanche, il n'existe pas de système de surveillance et de sanction. A Singapour[274], un système de licences a été mis en place, vérifié par l'autorité portuaire (la MPA), afin de certifier la qualité du combustible fourni : trois fournisseurs importants[275] se sont ainsi vu retirer cette licence en 2017 suite au non-respect de la conformité de leur marchandise.

Au-delà du carburant, ce sont les contrats de construction, de transport et les charte-parties qui évoluent.

---

[273] Le site internet de l'OMI, consulté à plusieurs reprises, ne fonctionne pas sur cette page, ne permettant pas de vérifier l'information :
https://gisis.imo.org/Public/MARPOL6/Default.aspx
[274] Singapour est un lieu de soutage extrêmement important : en 2016, 48,6 millions de tonnes de combustibles y ont été vendues.
[275] Panoil Petroleum, Universal Energy et Transocean Oil.

Ainsi, en matière de construction, l'installation d'un dispositif de retraitement des gaz (scrubber pour les SOx ou EGR pour les NOx) sera réalisée par un chantier. Or, que peut-il se passer si cette installation n'atteint pas les performances exigées ? Il semble que la responsabilité du constructeur naval pourrait être engagée dans la mesure où les contrats de chantier le permettent.

L'affrètement à temps qui se formalise par des charte-parties devra établir clairement la répartition des risques et des coûts entre le fréteur et l'affréteur, par exemple, pour les coûts et le temps passé pour l'entretien des scrubbers et la gestion des déchets qui en sont issus, en cas d'encrassement des moteurs ou de panne liée au carburant fourni ; en cas de teneur en soufre non conforme (immobilisation du navire, caution, retard et préjudice commercial, enlèvement des soutes non conformes, amende pénale, etc.). Les charte-parties nécessitent donc d'être révisées. La Chambre arbitrale maritime de Paris a publié un article[276] dans lequel elle propose de faire reposer le risque in fine sur l'affréteur à temps, sauf si le navire

---

[276] L. ESNARD, « Diminution des seuils de rejets de soufre dans l'atmosphère par les navires », Cabinet Lewis & Co AARPI, Gazette n°47, Chambre arbitrale maritime de Paris, automne 2018, https://www.arbitrage-maritime.org/CAMP-V3/gazettes-de-la-chambre/

n'est pas adapté aux nouvelles normes. C'est ainsi que l'affréteur est responsable de la fourniture du fuel-oil ad hoc et indemnisera le propriétaire en cas de dommage, responsabilité, amende etc. tandis que le propriétaire assure la conformité du navire à utiliser du fuel-oil allégé en soufre et dédommagera l'affréteur en cas de dommage etc...

Lors d'un affrètement au voyage, compte tenu des incertitudes sur la disponibilité des carburants allégés en soufre, les charte-parties ont aussi intérêt à prévoir la possibilité et les conséquences d'une déviation ou d'un retard pour s'approvisionner en carburant conforme.

Ces instruments contractuels permettent aussi à la RSE de pénétrer dans le domaine maritime. Ainsi ce sont les associations privées d'armateurs tels que le BIMCO ou Intertanko qui ont travaillé, dans une démarche volontaire, sur le sujet, et rédigé de nouvelles clauses pour les charte-parties afin de mettre en œuvre les nouvelles obligations réglementaires. Par ailleurs, en mai 2019, la société Trafigura a annoncé qu'elle intégrera une clause aux conditions générales de sa charte d'affrètement exigeant de l'armateur des informations sur la quantité de combustibles consommée par tonne transportée.

§2. Des moyens de contrôle et des sanctions à renforcer

I.   Le contrôle à quai et en mer

Ce sont avant tout les États du pavillon qui ont la responsabilité de certifier la conformité des navires. Les États liés par l'annexe VI MARPOL représentent 96,70% de la flotte mondiale, donc en théorie, il devrait y avoir un respect quasi total des règles imposées.

Pour délivrer les certificats attendus, les États peuvent agir soit directement, via leur administration compétente, soit déléguer cette charge à un opérateur agréé : une société de classification. Ensuite, c'est l'Etat du Port qui prend le relais pour vérifier la conformité des certificats détenus à bord par le navire lors des escales. Ceux-ci concerneront donc les 3 certificats exigibles au titre de MARPOL, ainsi que la déclaration de conformité liée au système MRV.

Il ne semble pas que les ports français, par exemple, soit systématiquement équipés de station de surveillance de la qualité de l'air. Au contraire de la Californie, évoquée précédemment, qui dispose d'une administration dédiée (le CARB) qui contrôle les navires, en France, la surveillance de la qualité de l'air (obligatoire depuis 1996) s'effectue par le biais d'un réseau de stations gérées par des associations agréées de surveillance (AASQA). Il en existe une par région.

Leur mission s'intègre dans un Plan National de la Qualité de l'Air (PNSQA) 2016-2021 qui définit les grands objectifs à atteindre pour la période couverte – et qui n'évoque pas la question des ports. Celle-ci n'est pas non plus traitée dans les déclinaisons régionales. A Nice, pourtant, un dispositif expérimental de 6 capteurs mobiles avait été mis en place en 2017 dans l'objectif non pas tant de contrôler mais d'aider à la décision pour stationner les navires notamment[277].

De la même manière que la détection des rejets d'hydrocarbures peut être réalisée par des prises de vue aérienne et une surveillance satellite, le contrôle des émissions atmosphériques pendant la navigation commence à s'organiser par de nouveaux moyens technologiques. En France, une note technique du 21 mars 2017[278] de la direction des affaires maritimes définit la procédure de transmission d'information en cas de détection par les aéronefs de possibles infractions aux dispositions de l'annexe VI de la

―――――――――――――――――

[277] Information publiée le 31/08/2018 issue de lagazette.fr disponible au lien suivant :

https://www.lagazettedescommunes.com/578206/pollution-de-lair-et-sonore-lactivite-du-port-de-nice-observee-de-pres-pour-en-limiter-limpact/

[278] Note technique du 21 mars 2017 relative à la détection par des aéronefs de possibles infractions à l'annexe VI Marpol et aux mesures d'information et de contrôle par les CROSS et les CSN, NOR : DEVT1700247N

Convention MARPOL par les navires. L'utilisation de « drones renifleurs » et de senseurs adaptés aux avions y est précisée. Il n'est cependant question que du survol des eaux sous souveraineté et juridiction française. Cette détection doit ensuite être confirmée par un prélèvement du combustible à quai, qui sera pris en charge par l'Etat du port dans lequel le navire fera escale, ce grâce au système de coopération entre les États.

Le rôle de la coopération dans la surveillance a été souligné par la règle 11 de l'annexe VI MARPOL. Cette coopération prend forme avec le rôle de l'Agence européenne de sécurité maritime qui a été fortement impliquée dans l'assistance au contrôle de conformité, le conseil pour échantillonnage, la mise au point des procédures (ensuite adoptées par OMI), et l'ouverture de l'outil THETIS aux émissions GES[279]. L'OMI a, de son côté, mis en place en 2006 une base de données en ligne ouverte au public, le Système mondial intégré de renseignements maritimes (Global Integrated Shipping Information System, GISIS[280]). Cette base de données, qui renseignait à l'origine sur les installations de

---

[279] COM (2018) 188 final rapport relatif à la mise en œuvre de la directive 2016/802/UE
[280] Disponible au lien suivant :
https://gisis.imo.org/Public/MARPOL6/Default.aspx

réception disponibles pour accueillir les déchets des navires, permet aujourd'hui d'avoir accès à de nombreuses données. Ainsi, le module « MARPOL ANNEX VI » permet de suivre les remontées d'information de la part des administrations et des États vers l'OMI concernant par exemple, la poursuite d'un navire en infraction, la liste des ports équipés d'installation de traitement des déchets de scrubber, la liste des fournisseurs de combustible à faible teneur en fuel-oil, et les fournisseurs ayant fourni un combustible non conforme, etc... Ainsi, la France a réalisé 7 signalements en 2012 et 2013 sur le manque de fuel-oil conforme chez certains fournisseurs qui sont nommés en Belgique ou aux Pays-Bas par exemple. Chypre en a réalisé 227 et le Libéria 429. En tout, 1 885 enregistrements ont eu lieu sur ce sujet depuis avril 2010, soit un signalement tous les 2 jours.

II.   Le régime de la liberté de sanction

L'OMI n'a pas de compétence répressive. Ce sont les États parties qui exercent sur les acteurs du transport maritime le contrôle du respect de leurs obligations. L'UE n'a pas de compétence répressive sur une compagnie maritime. La Commission européenne peut en revanche exercer un recours en manquement envers un État qui fait défaut dans la transposition ou l'application d'une directive. C'est donc sur les États que repose le régime des sanctions.

Il existe une liberté d'établissement des régimes de sanctions car la nature des sanctions est établie par l'ordre interne de l'Etat (du pavillon ou du port). L'article 4.4 précise que « *les sanctions prévues doivent être par leur rigueur de nature à décourager les contrevenants (..) et d'une sévérité égale quel que soit l'endroit où l'infraction a été commise* ». Il existe donc une liberté de définir les sanctions : pénales ou administratives[281] pour les États qui ne sont tenus que par une obligation de résultat (répression des infractions). Une étude de 2016 de l'ITF[282] montrait les différences de sanctions financières concernant le non-respect de la teneur en soufre du fuel-oil : de 2 900 € en Lettonie à 6 millions d'euros en Belgique, ce qui laisse à penser que certains opérateurs pourraient préférer régler une faible amende que supporter le surcoût d'un fuel-oil allégé en soufre.

En France, des sanctions administratives et pénales sont prévues dans le Code des transports, le Code de l'environnement et le Code Pénal. Ainsi, l'exploitant ou le propriétaire du navire encoure un an

---

[281] N. CLARENC BICUDO, *op.cit.*, note 99, p.387.
[282] ITF, Reducing Sulphur emissions from ships, the impact of international regulation, Corporate partnership board report, OCDE, 2016, p. 42.

d'emprisonnement et 75 000€ d'amende[283] si son navire d'a pas de certificat de prévention de la pollution en cours de validité. Le capitaine encourt quant à lui les mêmes peines, toutefois elles seront allégées (3 mois d'emprisonnement et 1 500€ d'amende) s'il est prouvé qu'il a reçu un ordre du propriétaire ou de l'exploitant. Le capitaine d'un navire sera puni d'un an d'emprisonnement et de 200 000€ d'amende s'il est en infraction aux règles de l'annexe VI de la MARPOL[284] et aux règles européennes reprises au L218.2 du Code de l'Environnement. L'amende peut également être prononcée contre l'armateur ou l'exploitant du navire s'il est à l'origine de l'infraction ou n'a pas pris les mesures pour l'éviter[285]. Les juridictions pénales considèrent que l'affréteur, voire la société de management, peuvent être concernés. En outre, s'il s'agit de personnes morales, l'amende pourra être multipliée par 5 (article 131-38 du Code pénal). L'amende peut donc atteindre un montant de 1 000 000 euros, outre les frais de l'éventuelle immobilisation du navire par les autorités publiques qui sont à la charge de l'armateur. L'article L218-30 du Code de l'environnement prévoit en effet que les autorités peuvent procéder à l'immobilisation du navire et

---

[283] Article L5241-12 du Code des Transports

[284] Article L218-15 du Code de l'Environnement

[285] Article L.218_18

soumettre sa libération au paiement d'un cautionnement. Constituera néanmoins une défense le fait d'établir que le carburant conforme à la législation n'était pas disponible, et que le capitaine en a averti l'État de son pavillon et l'autorité du port de destination et qu'il n'aurait pu s'en procurer qu'en s'écartant de la route prévue ou en retardant indûment son voyage. Si l'infraction a été commise au-delà de la mer territoriale, cependant, seules les peines d'amendes peuvent être prononcées[286].

De premiers exemples de sanctions illustrent la volonté de fermeté vis-à-vis de ces obligations. Ainsi, le procureur de la République de Marseille a engagé des poursuites contre le capitaine du navire à passagers « Azura » et la compagnie P&O Cruise pour avoir utilisé en mer territoriale française le 28 mars 2018 un carburant dépassant la teneur en soufre autorisée, soit 1,68% au lieu des 1,5% exigés par la directive 2016/802 transcrite dans le L 218.2 du Code de l'environnement. Pour la défense, le paquebot n'entre pas dans la catégorie des « *navires à passagers assurant des services réguliers passagers assurant des services réguliers à destination ou en provenance de ports d'un Etat membre*

---

de l'Union européenne ». Dans l'affaire Manzi[287], la CJUE s'est prononcée en précisant qu'il appartient finalement à la juridiction de renvoi de vérifier s'il s'agit bien de croisières relevant du champ d'application de la directive 2016/802, article 6 §5, tout en laissant à penser que les grands paquebots de croisière n'en font pas partie (il aurait alors dû respecter la norme de 3,5%). Finalement le Tribunal Correctionnel de Marseille a condamné le 26 novembre le capitaine à une amende de 100 000 € dont 80% à la charge de l'armateur. Lors du procès, les ONGS France Nature Environnement, Surfrider et la Ligue de Protection des Oiseaux (LPO) s'étaient constituées partie civile.

De son côté, l'armateur suisse MSC a dû régler 630 000 dollars à la CARB pour violation du règlement sur la gestion des navires à quai en Californie. Depuis, MSC a converti toute sa flotte faisant escale en Californie afin de permettre le branchement à quai. C'est la CARB qui est chargée de surveiller la qualité de l'air et qui est compétente pour intenter une action lors d'une infraction. L'amende payée par MSC alimente un fond dédié à la recherche sur la pollution de l'air.

---

[287] CJUE, 4ème ch., 23 janvier 2014, aff. C-537/11 Mattia Manzi et Compagnia Naviera Orchestra c. Capitaneria di porto di Genova

Il résulte de l'article 20 du règlement 2015/757 que chaque État membre doit prendre les mesures nécessaires afin de s'assurer que les navires battant son pavillon respectent les obligations en matière de surveillance et de déclaration. Il doit mettre en place un système de sanctions en cas de manquement[288] et prend toutes les mesures nécessaires pour garantir que ces sanctions sont imposées. Les sanctions ainsi prévues sont effectives, proportionnées et dissuasives. De plus, l'article 20 prévoit que si un navire ne s'est pas conformé à ses obligations en matière de surveillance et de déclaration pendant au moins deux périodes de déclaration consécutives et que d'autres mesures visant à en assurer le respect ont échoué, l'autorité compétente de l'État membre du port d'entrée peut prononcer une décision d'expulsion, qui est notifiée à la Commission, à l'Agence européenne pour la sécurité maritime (AESM), aux autres États membres et à l'État du pavillon. Chaque État membre doit alors refuser l'accès de ses ports au navire concerné jusqu'à ce que la compagnie se conforme à ses obligations en matière de surveillance et de déclaration.

---

[288] Voir les Observations sur la transposition du droit européen par le projet de loi d'orientation des mobilités, travaux présentés au Sénat, http://www.senat.fr/rap/r18-350/r18-3504.html

Les États membres avaient jusqu'au 1er juillet 2017 pour communiquer les dispositions qu'ils avaient prises à la Commission. La France aurait à ce titre envoyé une note à la Commission européenne en juillet 2017[289]. Cependant, comme le souligne l'étude d'impact du projet de loi d'orientation des mobilités publiée le 26 novembre 2018[290], le droit français n'intègre pas ces dernières évolutions juridiques qui doivent être transposées dans le code de l'environnement. Les sanctions « *doivent être prévues dans la loi à l'image de celles qui existent déjà pour les autres infractions environnementales* ». Ainsi, il s'agit de prévoir un « *régime d'expulsion dans le code des transports, des sanctions pénales et des amendes administrations dans les dispositions du code de l'environnement pour les navires étrangers qui ne se sont pas conformés aux exigences en matière de surveillance et de déclaration de leurs émissions* ». C'est finalement dans le projet de loi d'orientation des mobilités que l'article 37 4b) habilite le Gouvernement à prendre par voie d'ordonnance les mesures relevant de l'application du Règlement

---

[289] D'après l'étude d'impact du projet de loi d'orientation des mobilités publiée le 26 novembre 2018, NOR : TRET1821032L/BLEUE-2, p. 353. Étant donné que la France n'a pas encore de système de sanction prévu en la matière, on peut se questionner sur la teneur de cette note.
[290] Ibid.

2015/757. Il est cependant assez difficile de prévoir la teneur de ces sanctions « effectives, proportionnées et dissuasives ». Le débat parlementaire souligne la nécessité de « *construire un dispositif cohérent et proportionné aux atteintes à l'environnement tout en prenant en compte l'ensemble des intérêts en présence.[291]* »

Les instruments du droit conventionnel et les instruments réglementaires présentent une efficacité normative en matière d'émission de SOx et de NOx. Le cadre construit avec difficulté par les États dans le cadre de l'OMI stimulé par l'UE, permet de toucher largement l'ensemble de la flotte maritime qui montre les signes d'une mise en application : commande de scrubbers, passage au GNL, moteurs plus performants. L'Etat du port doit fournir un carburant conforme, le navire doit détenir les certificats appropriés. Les techniques de contrôle sont encore en construction. La coopération requise par l'OMI semble elle aussi mise en œuvre, en tout cas à l'aune européenne où l'Agence européenne de sécurité maritime concrétise les efforts. Reste cependant la question des sanctions non harmonisées.

---

[291] Voir les Observations sur la transposition du droit européen par le projet de loi d'orientation des mobilités, travaux présentés au Sénat, http://www.senat.fr/rap/r18-350/r18-3504.html

Il est vraisemblable que ce sujet éminemment politique nécessite des échanges diplomatiques intenses, car le droit international touche ici ses limites et ne peut empiéter sur la souveraineté des États. Nous assistons finalement à une mutation rapide et immédiate de la flotte pour respecter des normes contraignantes, mutation à laquelle se plie, individuellement, chaque opérateur maritime.

En revanche, la question des GES ne fait pas l'objet des mêmes réactions de la part du monde maritime. Les mesures sur l'EEDI n'ont pas un effet immédiat puisqu'il faut attendre le renouvellement de la flotte pour en mesurer les impacts. Impacts qui seront d'autant plus importants que l'EEDI aura été révisé pour être plus restrictif.

En matière d'optimisation de l'exploitation de la flotte, le SEEMP a sans doute permis d'alerter les compagnies sur les obligations qui ne tarderaient pas à s'imposer à elles, et les a poussées à s'équiper en moyens et en compétences pour être en capacité d'améliorer leurs performances. La collecte des données de consommation de fuel-oil, dans sa version MRV, permettra de pratiquer un « name & shame » aux dépens des compagnies maritimes qui vont probablement tenter de remplir leurs obligations, d'autant qu'elles doivent être vérifiées par un organisme accrédité. Le dispositif mondial de l'OMI, pour sa part, est moins contraignant et risque d'engendrer une certaine distorsion.

Finalement, on peut se demander si, au lieu des premières normes en matière de GES, ce n'est pas l'insécurité juridique qui règne autour du sujet des GES qui agit comme le principal moteur des innovations majeures auprès des opérateurs. Le « non-réglementaire aujourd'hui » mais « potentiellement réglementé demain » laisse le monde du transport maritime dans une expectative douloureuse, à laquelle chacun tente de répondre en testant de nouvelles solutions. Mais ces réponses intéressantes restent, elles aussi, à une échelle quasi individuelle, privée. Est-ce que ce n'est pas là, justement, que de nouveaux instruments de régulation parmi lesquels la RSE et les mécanismes de marché pourraient prendre toute leur légitimité et permettre de transformer des essais individuels en une véritable dynamique collective ?

CHAPITRE 2. LES NOUVEAUX INSTRUMENTS DE REGULATION AU SERVICE D'UNE TRANSITION COLLECTIVE

Les trois grands instruments internationaux de la RSE que nous avons présentés sont les principes directeurs de l'OCDE, le Pacte mondial des Nations-Unies et la norme ISO 26 000. Excepté le Pacte mondial qui exige une communication de progrès annuelle, les autres instruments n'obligent pas les entreprises à rendre des comptes. A l'échelle européenne et française, cependant, les entreprises multinationales sont soumises à l'obligation de rendre des comptes. Cela permet-il de dépasser un cadre individuel de « simple » mise aux normes ? Il nous semble que des organisations collectives existent déjà dans le milieu du transport maritime, et que d'autres sont en cours de création. Ces collectifs sont à l'origine de propositions intéressantes, en tant que lieux de discussion de l'éthique. Ces organisations collectives sont pour partie du ressort d'initiatives purement privées. Il s'agit des associations traditionnelles des opérateurs maritimes. D'autres collectifs se construisent dans le cadre de la coopération que l'OMI impulse à travers la stratégie de gestion des émissions de GES. En effet, les objectifs de la stratégie de gestion des émissions de GES de l'OMI sont de mettre à contribution le secteur du transport maritime international dans la lutte contre le réchauffement climatique, dans la droite ligne de le treizième objectif de développement durable[292] (ODD

---

[292] Les 17 ODD font partie de l'agenda 2030, un programme universel pour le développement durable. Il porte l'ambition de transformer notre monde en éradiquant la pauvreté et les inégalités en assurant sa transition écologique et solidaire à l'horizon 2030. L'ODD13 est « Prendre d'urgence

13). Le niveau d'ambition est une réduction des émissions de CO2 de 40% en 2030 et 70% en 2050 comparé à 2008, ainsi qu'une diminution des émissions totales de GES de 50% d'ici 2050. Cette stratégie s'appuie sur le principe de coopération, présent dans le droit de la mer et le droit de l'environnement. Cette coopération s'opère non seulement à l'échelle des États mais prend aussi, et de manière fort intéressante, un nouvel essor dans des partenariats publics-privés. Cette reconnexion entre pouvoir et responsabilité semble permise grâce à la RSE qui crée de nouveaux lieux par la discussion éthique et permet d'envisager une transition collective (**section 1**). Cette évolution est certainement soutenue par un nouveau régime de sanction dans le cadre de la RSE (**section 2**). Nous ouvrirons la discussion au recours à un autre type de régulation, par les instruments de marché. Ceux-ci constitueraient l'aboutissement classique des démarches de comptabilisation des émissions de GES initiées par les mécanismes DCP et MRV, mais sont-ils une étape indispensable ? (**section 3**).

SECTION 1 – LA CRÉATION DE NOUVEAUX LIEUX POUR LA DISCUSSION ÉTHIQUE ET UNE TRANSITION COLLECTIVE

---

des mesures pour lutter contre les changements climatiques et leurs répercussions ».

Le pari de la RSE est de permettre une discussion politico-éthique dans l'entreprise alors qu'y règnerait le dogme de l'efficacité[293]. Nous avons pu constater dans la première partie de cette étude que les opérateurs du transport maritime prennent individuellement des engagements pour respecter la loi en matière d'émissions de NOx et SOx (ce qui ne constitue pas une démarche RSE en tant que telle) et identifient le sujet des émissions de GES comme un sujet d'importance et pour lequel ils prennent des engagements qui ne sont pas systématiquement liés aux engagements de l'OMI. C'est ensuite au sein de collectifs purement privés que l'acte discursif se continue et fait émerger des propositions responsables (**§1**). Cependant celles-ci pourraient rester à l'état embryonnaire si elles ne gagnent pas en ampleur. Cela pourrait être le rôle du partenariat public-privé, qui semble alors constituer un nouvel outil de la RSE (**§2**).

§1. L'émergence de propositions responsables des acteurs du transport maritime dans le cadre de collectifs privés

Les opérateurs du transport maritime se sont regroupés en associations depuis longtemps, afin de

---

[293] N. POSTEL et R. SOBEL, « Introduction générale et guide de lecture », in *Dictionnaire critique de la RSE*, Villeneuve-d'Ascq, Presses universitaires du Septentrion, 2013, p13.

défendre leurs intérêts. Celles-ci sont nombreuses et leurs membres se retrouvent souvent dans plusieurs d'entre elles. Leur rôle en matière de questions environnementales s'avère assez variable, allant du lobby à la proposition d'instruments de gestion en passant par la proposition de nouvelles clauses dans des contrats types. On peut sans doute distinguer deux types d'actions menées par ces collectifs : d'une part une démarche de lobby mais aussi de partage de connaissance allant jusqu'à une reconnaissance mutuelle des bonnes pratiques, et d'autre part, une véritable démarche normative incluant des propositions innovantes d'outils pour réguler la prévention de la pollution atmosphérique.

I. Le tiraillement entre les intérêts économiques et la responsabilité environnementale

Un rôle important d'information et de sensibilisation est joué par les collectifs, et la responsabilité environnementale émerge plus ou moins aisément.
Parmi les plus anciens regroupements d'acteurs, on peut citer le BIMCO, créée en 1905 à Copenhague et qui compte aujourd'hui environ 1 900 membres[294] dans

---

[294] Armateurs, opérateurs, gestionnaires, courtiers et agents.

plus de 120 pays. Le BIMCO, joue un rôle important de représentation auprès des instances institutionnelles[295] et prend des positions politiques vis-à-vis des décisions entérinées à l'OMI ou au sein de l'UE, en défendant les intérêts des armateurs. Dans sa communication sur la stratégie GES de l'OMI en décembre 2018, il s'oppose à une réglementation des émissions et au renforcement des EEDI avant les phases convenues. Il s'inquiète des chiffres diffusés par la 3ème étude de l'OMI sur les GES, qu'il conteste et demande un alignement du système MRV sur le système de l'OMI en évitant le « name & shame » pour les faibles infractions. L'International Chamber of shipping (ICS) est la Chambre internationale maritime, créée en 1921, qui regroupe propriétaires et opérateurs du transport maritime, soit 80% de la flotte mondiale. Observateur à l'OMI depuis 1961, elle défend les intérêts du secteur dans les instances internationales. Elle publie régulièrement des manuels de bonnes pratiques sur la mise en œuvre des différents codes adoptés par l'OMI (ISM, ISPS, …) ainsi qu'une analyse sur les évolutions à venir et la position de l'association. Sur la page internet de la 74ème session du MEPC[296], BIMCO et l'ICS sont identifiées comme les lobbyistes qui tentent de freiner les avancées du

---

[295] BIMCO est accréditée en tant qu'observateur auprès des Nations-Unies.

[296] Disponible au lien suivant : https://www.mepc74.com

secteur, notamment en refusant de renforcer les seuils de l'EEDI. En novembre 2016[297], Philippe Louis Dreyfus, Président du BIMCO constatait cependant « *j'ai quelque peu de tristesse et d'amertume en constatant que ce sont les normes qui vont obliger les armateurs à se mettre en conformité avec un certain standard environnemental. Nous aurions dû nous accorder et nous prendre en charge bien avant que cela soit fait par des textes qui ont été rédigés par des tiers, qui ne connaissent pas bien notre réalité* ».

D'autres associations travaillent pour aménager les règles environnementales. Intertanko est une association professionnelle d'armateurs indépendants dans le domaine du pétrole, créée en 1970. Elle est l'interlocutrice des associations de compagnies pétrolières, de distributeurs, de l'association internationale des sociétés de classification (IACS) et des P&I clubs, etc et possède aussi le statut d'observateur à l'OMI et auprès des autres instances des Nations Unies. Les « position papers » publiés sur son site internet montre que l'association soutient les nouvelles règles environnementales tout en souhaitant certains aménagements comme par exemple, l'alignement du système MRV de l'UE sur celui de l'OMI. Intercargo est l'association internationale des

---

[297] https://www.meretmarine.com/fr/content/entretien-avec-philippe-louis-dreyfus-president-du-bimco

armateurs de vraquier sec. Créée en 1980, elle joue un rôle équivalent à celui d'Intertanko pour les pétroliers. Elle aussi affiche une approbation des nouvelles règles environnementales, et demande des aménagements. Ainsi, on peut voir sur son site internet[298] qu'elle va soumettre pour le prochain MEPC (74ème session à venir) des contributions autour de la gestion des fournisseurs de fuel-oil, en proposant sans doute un système de licences à l'exemple de Singapour.

D'autres organisation telles que le Sustainable Ship Initiative (SSI), réunissent de nombreux acteurs en groupes de travail pour réfléchir et partager des pratiques, et réalisent des études sur les innovations liées à la navigation. Le réseau Green Ship of the future suit les mêmes objectifs.

Au-delà du partage d'information, c'est aussi une reconnaissance mutuelle des bonnes pratiques qui apparaît. Armateurs de France est une organisation professionnelle créée en 1903, qui regroupe aujourd'hui 50 entreprises françaises de transport et service maritime. L'association représente les intérêts des armateurs auprès des différentes instances

____

[298] Disponible au lien suivant :

https://www.intercargo.org/intercargo-submissions-to-imo-in-2019/ L'accès aux contributions est cependant réservé aux membres d'Intercargo.

françaises, internationales, et des partenaires et fait partie d'associations internationales (ICS etc.). L'organisation s'est dotée d'une stratégie « Objectif 2025 : cap sur la croissance bleue [299]» en 6 axes, dont le 5ème est « Valoriser l'engagement environnemental et social du shipping français ». Dans ce cadre, Armateurs de France a mis en place la Charte Bleue. Adoptée en 2008 puis revue en 2013, il s'agit d'un document qui concrétise les engagements des armateurs en matière de responsabilité sociale et environnementale, quel que soit le pavillon d'immatriculation. En matière d'émissions atmosphériques, l'ambition s'appuie sur des engagements individuels, sur le développement d'une organisation participative pour promouvoir des filières propres (GNL), et sur le travail avec les associations de protection du milieu marin. Un « interlocuteur charte » doit être nommé dans chaque entreprise et un comité charte assure le suivi du respect des engagements. La teneur de ce suivi n'est cependant pas détaillée. Chaque année, les armateurs et partenaires les plus respectueux de cette Charte sont valorisés dans la communication d'Armateurs de France, tandis que l'entreprise la plus méritante se voit décerner le « trophée Charte Bleue ». En 2017, c'est CMA-CGM qui a remporté le trophée, au regard de la

---

[299] Disponible au lien suivant:
http://www.marinemarchande2025.com

commande de 9 nouveaux porte-conteneurs de 22 000 EVP propulsés au GNL. En 2019, la compagnie La Méridionale qui dessert la Corse a été récompensée pour avoir lancé l'expérimentation d'un filtre à particules innovant et démontré la faisabilité d'une solution permettant au navire en escale de s'alimenter en électricité produite à quai par un groupe électrogène alimenté au GNL.

## II.	La construction d'une véritable démarche normative

Bien que tiraillées entre intérêts économiques et environnementaux, les associations portent de nombreuses actions concrètes qui participent d'une véritable démarche normative : clauses contractuelles, indicateurs de performances ou mesures financières font l'objet d'intenses échanges et travaux ces dernières années.

Les associations d'armateurs préparent l'évolution des clauses contractuelles en lien avec les nouvelles réglementations environnementales. Ainsi BIMCO produit des contrats et clauses standards (charte-parties…) qui sont largement utilisés dans le transport maritime. En réponse aux nouvelles obligations réglementaires liées au soufre, BIMCO a créé de nouvelles clauses[300] et les met en ligne pour que les compagnies maritimes puissent s'appuyer sur ces modèles. Intertanko propose aussi des exemples de clauses dans les charte-parties du transport de vrac et a revu ses modèles suite aux évolutions réglementaires sur le fuel-oil afin de préciser les nouvelles conditions.

L'international Association of Classification Societies (IACS) est l'association de douze sociétés de classification[301] parmi les plus reconnues et les plus importantes[302]. Ces acteurs apportent une assistance technique auprès des armateurs dans le cadre d'une part d'une mission privée de classification des navires, et une vérification de la conformité des navires dans le cadre d'une délégation des États du pavillon pour réaliser les certifications conventionnelles obligatoires. La IACS a été créée en 1968 et bénéficie d'un statut

---

[300] Par exemple la "2020 Fuel-oil Transition Clause for Time Charter Parties" ou « 2020 Marine Fuel-oil Sulphur Content Clause for Time Charter Parties »

[301] American Bureau of Shipping, Bureau Véritas, DNV-GL, Korean Register, RINA, Lloyd's register, China Classification Society, Croatian Register of Shipping, Indian Register of Shipping (IRCLASS), Nippon Kaiji Kyokai (Class NK), Polski Rejester Statkow et Russian maritime register of Shipping.

[302] Les membres de la IACS ont réalisé la classification de plus de 90% de la flotte marchande de jauge brute > 100 en 2018 (rapport annuel IACS, 2018)

consultatif auprès de l'OMI dont elle se dit le principal conseiller technique[303]. Elle est très active, ayant soumis 48 contributions à l'OMI, émis 111 recommandations et suivi – par l'intermédiaire de ses membres - la construction de 2 134 navires pour la seule année 2018[304]. Dans son rapport annuel de 2018[305], la IACS souligne les développements importants du cadre réglementaire portés par l'OMI, et insiste essentiellement sur le défi que cela représente pour l'industrie maritime et sur l'importance de maintenir une navigation en sécurité. En matière de démarche collective, l'enjeu environnemental est donc vu sous l'angle de la sécurité et du défi technique, plutôt que comme un objectif à atteindre. Cependant, en matière de classification et à titre individuel, les membres de la IACS jouent un rôle proactif puisqu'ils mettent en place des notations correspondant non seulement à l'évolution réglementaire des normes (le respect des nouvelles règles MARPOL, par exemple) mais aussi des notations allant au-delà des conventions

---

[303] IACS annual Review, 2018, http://www.iacs.org.uk/news/2018-iacs-annual-review/, p.51.

[304] Chiffres issus du rapport annuel 2018 disponible au lien suivant : http://www.iacs.org.uk/media/5931/iacs-annual-review-2018.pdf

[305] IACS annual Review, 2018, http://www.iacs.org.uk/news/2018-iacs-annual-review/

internationales. L'évolution de la réglementation pour des raisons environnementales a accru le spectre d'action des sociétés de classification, qui doivent vérifier maintenant la conformité du navire aux émissions polluantes avant de permettre la délivrance des certificats ad hoc (IAPP, IEE, ainsi que la déclaration de conformité MRV). Mais au-delà de cette mission régalienne, les sociétés de classification ont construit de nouvelles normes afin de conduire les armateurs à « verdir » leurs navires. Ainsi, dès 2010, la société américaine ABS a développé la notation ENVIRO, qui se conforme aux exigences des conventions internationales (la MARPOL essentiellement) et la notation ENVIRO +, qui établit des critères plus stricts, afin d'aider les armateurs à se préparer aux évolutions réglementaires en matière d'émissions polluantes dans l'air notamment. DNV-GL a mis au point la notation CLEAN et CLEAN DESIGN, le RINA a développé le GREEN STAR et GREEN PLUS. Lloyd's Register a référencé des exigences de bases, puis ajouté des modules optionnels.

C'est ensuite à l'armateur de décider de ses investissements et de cibler le niveau environnemental qu'il souhaite atteindre. Il est cependant difficile d'analyser l'influence de ces nouvelles notations car les rapports annuels des sociétés de classification ne précisent pas quel pourcentage des armateurs ont souhaité suivre ces nouvelles notations.

En-dehors des sociétés de classification, des indicateurs de performance ont été aussi été proposés par les collectifs traditionnels et surtout par de nouveaux réseaux d'acteurs du transport maritime réunis uniquement sur le volet environnemental afin de faire face aux évolutions règlementaires environnementales des vingt dernières années.

Ainsi, en matière d'environnement, BIMCO a mis en place le BIMCO Shipping KPI pour servir à évaluer les performances opérationnelles des navires. Celui-ci est calculé sur la base de 64 indicateurs, dont l'un examine les émissions de CO2, un second les émissions de NOX et un troisième les émissions de SOX. D'après le site BIMCO, 6 392 navires seraient enregistrés pour utiliser un tel indicateur.

Le Clean Cargo Working Group (CCWG) a été établi en 2002. Ce groupe rassemble les grandes compagnies[306] qui ont recours au transport conteneurisé ainsi qu'aux transporteurs qui l'organisent (85% des capacités mondiales, sur 3200 navires et 22 grandes

---

[306] Par exemple BMW, Electrolux, Heineken, H&M, IKEA, hp, Marks & Spencer, Nike, Ralph Lauren, ou encore DHL, Geodis, O DAMCO, Trafigura, …

compagnies[307]). Il est animé par une ONG, Business for social Responsability (BSR™) qui est un réseau mondial de grandes entreprises. BSR a travaillé sur une méthodologie pour surveiller et collecter les émissions de CO2 et les exprimer par une moyenne pour un groupe de navires[308], en gramme par conteneur et par kilomètre afin que les compagnies puissent communiquer auprès de leurs clients, et que les responsables des achats chez le client puissent comparer les performances environnementales des

---

[307] Rapport annuel 2017, août 2018, 2017 Global Maritime Trade Lane Emissions Factors, Clean Cargo Working Group (Clean Cargo)

[308] L'indice BSR a été développé pour permettre aux entreprises transportant des marchandises en mer par conteneurs de calculer les émissions de CO2 liées au transport de leurs marchandises.
Ces sociétés savent combien de conteneurs ont été envoyées sur une route donnée par une compagnie de transport connue, mais pas nécessairement par quel navire. L'indice BSR est conçu comme un indice pour les émissions et le travail de transport effectués par tous les navires exploités par une société donnée sur une route donnée. L'indice exprime les émissions de CO2 en g / EVP-km. L'armateur calcule l'indice BSR pour son itinéraire et l'envoie aux clients intéressés qui calculent les émissions liées à leur activité. La surveillance des performances de navires individuels n'a jamais été un objectif avec l'indice BSR.

transporteurs. CMA-CGM fait référence à cette démarche dans son rapport annuel de 2017 car la compagnie a mis en place depuis 2008 un système de suivi de ses émissions et de sa performance CO_2 qui est vérifié par un organisme accrédité indépendant (audits de KPMG en 2017).

La plate-forme RightShip quant à elle, calcule depuis 2001 un « Quality Index » (QI) afin d'aider le chargeur à choisir un navire (ou une flotte) plus sécurisé. RightShip appartient à parts égales à BHP, Rio Tinto et Cargill, trois multinationales ayant largement recours au transport maritime. Plus de 2 400 utilisateurs à travers le monde ont utilisé le système d'information sur la vérification des navires par Right Ship (SVIS ©) en tant qu'outil d'évaluation des risques lorsqu'en février 2011, Right Ship a ajouté un nouveau service d'évaluation : l'évaluation environnementale afin d'estimer les émissions de GES, selon une méthode normalisée[309]. La plateforme propose même une compensation du carbone émis par l'achat de crédits carbone. C'est ce qu'a réalisé la société Anglo American en compensant la totalité du CO_2 émis pendant le voyage d'un minéralier entre l'Afrique du Sud et l'Europe[310]. La compensation carbone a fait partie de la charte-partie

____

[309] Norme européenne : EN16258 :2012

[310] Article du site internet gcaptain du 16 mai 2019 : https://gcaptain.com/bulker-carbon-offset-voyage/

conclue avec l'armateur et a été réalisée par l'intermédiaire d'une société suisse spécialisée dans les projets de compensation carbone. La compensation des 5 880 t de CO_2 participe au financement d'une usine de production géothermique en Indonésie.

Des mesures liées au marché et des mesures fiscales ont été proposées. Le World Shipping Council a été créé pour échanger avec le gouvernement américain sur le transport maritime des lignes régulières. Il regroupe une vingtaine de membres qui représentent 90% de ce type d'échanges (Maersk, COSCO, CMA-CGM, Crowley, ...). Travaillant à l'origine essentiellement surtout sur la sécurité, le WSC a intégré les questions environnementales à ses recherches et proposé un nouvel outil de marché « efficiency Incentive Scheme » pour gérer les émissions de CO_2 : les navires qui atteignent l'EEDI ne paient rien, ceux qui dépassent le seuil acceptable paient une taxe sur la consommation de fuel-oil en fonction de leur écart à l'EEDI.
Autre proposition d'Armateurs de France : parmi les 10 mesures proposées dans le cadre de sa stratégie « Objectif 2025 : cap sur la croissance bleue », la réduction des émissions de GES en suivant les objectifs de l'OMI (moins 50% en 2050 par rapport à 2008) et l'adoption d'un plan de transition énergétique du transport maritime (optimisation de la vitesse, GNL, ...) font l'objet des points 7 et 8. L'association a en effet

contribué à porter auprès des parlementaires une proposition d'amendement à la future loi de finance 2019, afin de mettre en œuvre une mesure fiscale incitative : un suramortissement fiscal au regard des investissements consentis pour la transition énergétique.

Des mesures financières incitatives ont vu le jour. L'international association of Ports and Harbors (IAPH) regroupe environ 180 ports et autant de services portuaires issus de 90 pays. Créée en 1955, l'association bénéficie du statut consultatif d'ONG auprès des Nations-Unies. Elle constitue une plate-forme d'échange autour des enjeux de la gestion portuaire et représente ces enjeux auprès des autres organisations internationales (OMI, CNUCED, OIT...). L'IAPH affiche trois enjeux prioritaires parmi lesquels figure la lutte contre le réchauffement climatique[311]. Une soixantaine de ports[312] se sont unis pour lancer une initiative « World Ports Climate Initiative » en novembre 2008. Il s'agit de construire et d'expérimenter des outils de

____

[311] Les deux autres sujets étant les ports de refuge et la pesée des conteneurs.
[312] Beaucoup de ports européens et asiatiques, ainsi que nord-américains, et quelques ports d'Afrique, Amérique du Sud et Australie. Voir au lien suivant :
http://wpci.iaphworldports.org/about-us/members.html

gestion avant de les partager largement. Parmi les 8 projets développés et en cours ont été travaillés notamment le branchement à quai et la création d'un indice environnemental pour les navires (Environmental Ship Index, ESI). Il s'agit d'une méthode de calcul qui attribue des points aux performances d'un navire au regard de la législation internationale en vigueur en matière d'émission de NOx, SOx et CO2. L'ESI global varie de 0 pour un navire conforme à la réglementation en matière de performance environnementale en vigueur à 100 pour un navire n'émettant ni SOx ni NOx et indiquant ou contrôlant son efficacité énergétique. Le navire ainsi noté bénéficie d'un abaissement de ses taxes portuaires en fonction du score qu'il affiche. Il s'agit d'une démarche volontaire. Environ 7 000 navires utilisent cet outil depuis son lancement en 2013. Depuis 2017, l'IAPH s'est lancé dans un nouveau programme, le « World Ports Sustainability Program[313] » pour élargir l'assise du WPCI et toucher aussi les domaines de la gouvernance, de l'éthique, ou de la sécurité, en lien avec les ODD. Le WPCI recense tous les projets menés en ce sens et permet les échanges et partages d'expériences.

---

[313] Voir au lien suivant :
https://sustainableworldports.org/about/

Au-delà du branchement à quai déjà évoqué en réponse à de nouvelles procédures obligatoires, ce sont de nouveaux modes propulsifs qui font l'objet des grands projets du transport maritime et qui constituent des innovations majeures. Les recherches autour de l'usage du méthanol, des piles à combustible et de l'hydrogène, des navires électriques s'intensifient. Le recours à la propulsion éolienne par le biais de mâts rotors[314], d'ailes aspirantes, de voiles rigides ou semi-rigides ou d'ailes de kites[315] commence à être mis en œuvre. Des chargeurs importants comme Airbus, Renault, Shell ou encore Cargill s'engagent aux côtés de Maersk, MOL,Viking Line mais aussi de nombreuses start-ups (Norsepower, Zéphyr et Borée, Airseas, eConowind, CWS), des bureaux d'études (CRAIN), de jeunes compagnies d'armement (Neoline) ou des chantiers aguerris (Chantiers de l'Atlantique autour du projet Silenseas). La filière de l'éolien doit se structurer[316] avec des modèles d'évaluation de

____

[314] installés par Norsepower sur un pétrolier de Maersk de 109 000 tpl, sur un RoRo MV Estraden et sur le ferry MV Viking Grace, ou encore l'Eco-Flettner installé sur le Fehn Pollux sous la supervision de DNV-GL
[315] En projet, l'installation en 2020 d'une aile de kite automatisée sur le Ville de Bordeaux, navile roulier de Louis Dreyfus Armateur.
[316] C. VALERO, « Une énergie économique et écologique : la force du vent,» ISEMAR, 2019, mai, note de synthèse n°210,

performances, des certificats d'homologation montrant le respect des enjeux de séurité[317], et la démonstration d'une économie globale qui permet aux opérateurs de faire le choix de l'éolien.

CMA-CGM et Maersk ont annoncé le test d'un ravitaillement en biocarburant sur leurs navires. CMA-CGM agit avec IKEA et le « Good Shipping Programm » : un fabricant de biocarburant, Biofuel est à l'origine de ce programme. Maersk agit pour sa part avec un groupe de multinationales néerlandaises[318] dont Shell qui fournit le carburant, dans le cadre de la Dutch Sustainable Growth Coalition. A priori, les deux projets s'appuient sur des huiles de cuisson usagées, donc des biocarburants de deuxième voire troisième génération (issue de microorganismes tels que microalgues). L'usage de biofuels est à envisager prudemment au regard d'un usage en concurrence avec la chaîne alimentaire et d'impacts environnementaux et sociaux

---

https://www.isemar.fr/wp-content/uploads/2019/05/Note-de-Synthèse-210-Une-énergie-économique-et-écologique-la-force-du-vent.pdf [consulté le 8 mai 2019].

[317] A. BLANQUART, Adaptation de la réglementation française aux solutions de propulsion innovantes : le cas de la propulsion éolienne, Mémoire de Master 2 droit et sécurité des activités maritimes et océaniques, Université de Nantes, 2017, p.23.

[318] Friesland Campina, Heineken, Philips, Unilever, DSM.

qui se sont avérés désastreux sur certaines régions du globe pour les biofuels de première génération.

Ces projets montrent de possibles mutations de la flotte, mais il ne s'agit ici que de pilotes, touchant quelques navires et de décisions souvent prises dans des collectifs qui semblent restreints. Cela signifie aussi que d'une part, et malgré tout, les acteurs économiques se préparent à des changements, mais que d'autre part, ces changements sont encore vus sur un temps long – tant que des obligations d'ordre réglementaire ou éthique ne les auront pas poussés à changer d'échelle rapidement.

L'une des mesures symptomatiques d'une transition à la fois en préparation mais repoussée autant que possible, est sans doute la question de la vitesse de circulation des navires. Cette mesure est soutenue de longue date par un certain nombre d'armateurs, de bureaux techniques, d'ONG. Elle paraît relativement simple à mettre en œuvre – un certain nombre d'opérateurs l'ont d'ailleurs testée après la crise de 2008, pour des raisons économiques. Philippe Louis Dreyfus, armateur, président du BIMCO et de l'Association européenne des armateurs (ECSA) soutient une « *mesure de bon sens : réduire la vitesse ne coûte rien et agit à la fois sur les émissions de GES et d'oxydes de soufre*[319] » expérimentée par ses vraquiers en 2008 mais sur laquelle il s'est trouvé seul confronté à de l'indifférence voire de l'hostilité. Cette mesure, couplée à une accélération de l'efficacité énergétique des navires, semble pourtant être nécessaire pour réussir à atteindre les objectifs de réduction des GES fixés par l'OMI, d'après la communication MEPC73/7/6 d'août 2018[320]. Mais, souligne Philippe Louis-Dreyfus *« Aucun armateur ne peut la mettre en place seul, sinon il ne peut faire face à la concurrence. Il faut donc un cadre réglementaire »*.

Quel serait donc le cadre qui permettrait à des innovations portées par la RSE de remporter une adhésion internationale sans pour autant passer par une écriture réglementaire contraignante, qui pourrait freiner des innovations ? C'est peut-être ici que le

---

[319] Voir l'article du journal Le Marin du 04/04/2019 au lien suivant : https://www.lemarin.fr/secteurs-activites/shipping/33945-vitesse-le-combat-personnel-de-philippe-louis-dreyfus [consulté le 10avril 2019].

[320] MEPC/73/7/6 : Réduction des émissions de gaz à effet de serre provenant des navires, Rapport entre les mesures à court terme et l'objectif minimal de réduction des émissions de l'OMI fixé pour 2050, Document présenté par Greenpeace International, le WWF, Pacific Environment et la Clean Shipping Coalition, avec la participation de l'International Council on Clean Transportation (ICCT).

développement des partenariats publics-privés peut jouer un véritable rôle.

§2. Le partenariat public-privé, nouvel instrument de la RSE ?

L'OMI développe trois démarches de projets dont deux s'appuient sur le partenariat entre les acteurs économiques responsables et les États. La réduction des émissions de GES du transport maritime doit passer par la participation pleine et effective des pays en développement qui jouent un rôle important en matière d'enregistrement de pavillon dans le transport maritime et par les acteurs du transport maritime. Les Nations-Unis (via l'OMI) et l'UE font le pari d'amener toutes les parties prenantes à entrer dans la danse par le jeu d'une coopération dans une démarche de projet[321].

Le partenariat mondial pour le rendement énergétique des transports maritimes (GloMEEP) a été lancé en 2015 en collaboration avec le Fonds pour l'environnement

---

[321] Quatre niveaux de travail sont identifiés : améliorer les environnements politique et réglementaire ; développer les connaissances, les informations et les capacités humaines ; renforcer les capacités institutionnelles et promouvoir le déploiement de nouvelles technologies et de nouveaux procédés pour une exploitation des navires économe en énergie.

mondial (FEM) et le Programme des Nations Unies pour le développement (PNUD). La troisième composante[322] concerne la stimulation de partenariats public-privés dans les pays en développement. Une « Alliance mondiale du secteur à l'appui des transports maritimes à faibles émissions de carbone (GIA) » a été lancée en 2017 sous l'égide du projet GloMEEP. Il s'agit d'un partenariat public-privé qui réunit armateurs, transporteurs, sociétés de classification, constructeurs, motoristes, société pétrolière, port[323]... Ce partenariat doit identifier et développer collectivement des solutions innovantes pour lever les obstacles à l'adoption et la mise en œuvre de technologies d'efficacité énergétique et de mesures opérationnelles

---

[322] La 1ère composante du projet vise le soutien à 10 « pays pilotes » (l'Argentine, la Chine, la Géorgie, l'Inde, la Jamaïque, la Malaisie, le Maroc, Panama, les Philippines et l'Afrique du Sud) qui mettent en place de manière accélérée des mesures d'ordre réglementaires, politiques ou institutionnelles : c'est. La seconde composante repose sur les activités de renforcement de capacité, de sensibilisation et de diffusion des informations afin de permettre à plus de pays de ratifier et mettre en œuvre les règles de l'OMI

[323] On trouve parmi les partenaires AP Moller-Maersk, Bureau Veritas, DNV GL, Lloyd's Register, MarineTraffic, MSC Mediterranean Shipping Company, l'Autorité du Canal de Panama, le port de Rotterdam, Shell, Total, ou encore Stena et Wärtsilä.

dans le secteur maritime. Le GIA a été lancé en juin 2017 paraît extrêmement intéressant s'il est suivi d'effet. Nous n'avons cependant pas trouvé de compte-rendu d'activité ou de publication depuis cette date. Est-ce le signe que ce partenariat peine à démarrer ou uniquement un manque d'information publique ?

Le projet GreenVoyage-2050, conçu dans le même esprit vient d'être annoncé par le Secrétaire Général de l'OMI, M. Kitack Lim, le 13 mai 2019. La Norvège apporte 1 million USD de financement pour les deux premières années du programme. « *Je suis particulièrement encouragé car le projet est conçu avec une composante de partenariat avec le secteur privé* » a souligné M. Lim, confirmant l'importance accordée à ces nouveaux partenariats.

Une autre initiative mérite d'être soulignée. Celle-ci se déroule en dehors de l'OMI ou de l'UE. Le Clean Shipping Index (CSI) a été développé par le Clean Shipping Project (CSP) à Göteborg, en Suède, en 2010. Issu d'un réseau de sociétés maritimes et de chargeurs, qui classe les navires selon 5 scores sur différents paramètres environnementaux, ce système de notation permet de comparer la performance d'un navire pour chaque critère. La pondération de tous les scores donne une idée de la performance globale. En 2017, 31 propriétaires de cargaison (parmi lesquels H & M, Philips, Volvo, Tetra Laval) sont enregistrés, ainsi que 56 compagnies de navigation comptant plus de 2 200 navires ayant une qualification du CSP[324]. Cet indice est utilisé par la société de classification VERITAS, par exemple. S'il s'agit bien d'une organisation privée, le CSP est appuyé financièrement par les autorités régionales de Suède et bénéficie de conseils stratégiques ponctuels[325]. Un secrétariat à temps plein est également chargé du fonctionnement et de l'administration quotidiens de l'indice, tandis que les membres paient 2 800€ par an et se réunissent plusieurs fois par an pour discuter des orientations stratégiques. D'après un récent rapport du Forum International du Transport (ITF), des entreprises du monde entier utilisent le CSI. Les banques et les investisseurs peuvent également utiliser cette notation pour évaluer la performance environnementale lors de l'approbation de prêts pour la construction de nouveaux navires. Bien que le schéma n'ait pas été conçu spécifiquement comme un outil permettant aux ports de développer des systèmes d'incitation, certains offrent des remises sur sa base : le port de Göteborg en

---

[324] O. MERK, Decarbonising Maritime Transport, The Case of Sweden, Case-Specific Policy Analysis, International Transport Forum, OCDE, 2018, p.16.

[325] L. WUISAN, J. VAN LEEUWEN et C.S.A. (Kris) VAN KOPPEN, "Greening international shipping through private governance: A case study of the Clean Shipping Project", *Marine Policy* 36, 2012, p. 168.

Suède, les ports de Vancouver et Prince Rupert au Canada. L'Administration maritime suédoise l'utilise également pour mettre en place un système de taxe pollueur-payeur.

Dans un autre domaine que l'environnement, le transport maritime et les États ont montré leur capacité à combattre de front un même phénomène : la corruption[326]. Ainsi le réseau maritime de lutte contre la corruption (MACN[327]) établi en 2011 regroupe 100 membres parmi les plus grandes compagnies de transporteurs et de chargeurs et travaille avec les États pour faire évoluer les pratiques et les lois. La reformulation et la clarification de la réglementation argentine pour faire changer les comportements en 2017 est exemplaire et démontre qu'il est possible de

---

[326] Peter LUND-THOMSEN, René TAUDAL POULSEN, Rob ACKRILL, "Corporate Social Responsibility in the international shipping industry: state-of-the-art, current challenges and future directions", *The Journal of Sustainable Mobility*, vol.3, n°2, 2016, p3-13, https://research-api.cbs.dk/ws/portalfiles/portal/50312841/peter_lund_thoms en_corporate_social_responsibility_in_the_international_ship ping_industry_acceptedversion.pdf [consulté le 10 mai 2019].
[327] Informations disponibles au lien suivant : http://www.maritime-acn.org

faire bouger les lignes lorsque les industriels sont persuadés qu'un phénomène est contreproductif[328].

Ainsi, les opérateurs maritimes ont une habitude de travail en collectifs. Les partenariats publics-privés qui se mettent en œuvre sont peut-être des démarches qui peuvent dessiner un changement d'échelle, car le succès des normes volontaires dépend de leur capacité à être internationalement acceptées et suivies comme des standards industriels[329].

SECTION 2 – LE NOUVEAU REGIME DE SANCTION DE LA RSE

La responsabilité sociale des entreprises est une question sérieuse. Ce poids grandissant peut se mesurer par la possibilité de l'engagement de la responsabilité civile et pénale de la personne morale (**§1**). Mais la sanction ne se situe pas sur un terrain uniquement juridique pour une entreprise. Ainsi l'enjeu économique s'illustre dans le cadre de la notation extrafinancière (**§2**).

---

[328] En l'occurrence, l'industrie maritime avait identifié que la corruption augmentait les coûts du transport, affectait négativement la santé et le bien-être des équipages, et devenait une barrière commerciale.
[329] Idem, p.166.

§1. L'engagement de la responsabilité civile et pénale

A l'échelle internationale, la RSE semble avoir investi la coutume internationale en réunissant une pratique des États qui mettent en œuvre des régulations, et une *opinio juris* consolidée par la responsabilité pénale de la personne morale. Ainsi, la cour de cassation[330] retient la culpabilité de la société Total SA lors du procès Erika pour délit de pollution involontaire : la carence fautive de la société est caractérisée en se référant aux règles de contrôles interne que celle-ci avait mises en place de sa propre initiative. Il est considéré qu'elle n'a pas accompli les diligences normales qui lui incombaient : l'engagement volontaire de Total de procéder à un contrôle renforcé s'est transformé en une obligation juridique contraignante. Les engagements de RSE des entreprises constituent à ce titre « une norme de comportement, un standard utilisé par le juge pénal pour évaluer le caractère fautif ou non des agissements du prévenu, à l'image du standard bien connu du bon père de famille[331] ».

En France, il n'existe pas aujourd'hui de sanction si la récente déclaration de performances extrafinancières n'est pas conforme, cependant, il résulte de l'article

---

[330] Cass. Crim., 25 septembre 2012, n°10.82-938.

[331] L. NEYRET, L'affaire Erika, moteur d'évolution des responsabilités civile et pénale, D.2010, p. 2238.

L.255-102-1 du Code du Commerce que toute personne intéressée peut demander au président du tribunal statuant en référé d'enjoindre, le cas échéant sous astreinte, au conseil d'administration ou au directoire, selon le cas, de communiquer les informations qui doivent y figurer.

Par ailleurs, le devoir de vigilance est obligatoire pour les plus grandes entreprises et doit s'accompagner de la publication du plan afférent dans le rapport annuel. En cas de non-respect, les entreprises pourront être sanctionnées sur deux fondements[332] : d'une part le non établissement du plan de vigilance pourra faire l'objet d'une décision de justice condamnant la société à s'exécuter, et d'une amende civile pouvant atteindre 10 millions d'euros et d'autre part, en cas de dommage survenu dans l'entreprise, lié à un manquement aux obligations précitées, la responsabilité civile de l'entreprise pourra être engagée sur le fondement de l'article 1382 du Code civil.

Certains transporteurs soulignent expressément les risques financiers et juridiques liées à l'insécurité du droit de l'environnement. Ainsi le rapport annuel de

---

[332] N. CAZEZAU, *RSE et compliance, quels liens* ? article de village-justice.com, 31 janvier 2017, en ligne au lien suivant : https://www.village-justice.com/articles/RSE-COMPLIANCE-quels-liens,24137.html [consulté le 28 avril 2019].

Fronline,[333] transporteur de pétrole brut installé aux Bermudes et coté en bourse souligne longuement les risques financiers encourus par l'entreprise du fait de l'insécurité juridique actuelle en matière d'environnement. Frontline souligne les coûts substantiels à supporter en raison de la réglementation des SOx, du passage en ZCE NOx de la Baltique et de la Mer du Nord, du coût d'un abaissement des EEDI par l'OMI avant 2025. Concernant les GES, Frontline souligne la sortie des Accords de Paris annoncée par le Président des Etats-Unis en 2017, ainsi que l'annulation par le même Président de la réglementation pour limiter les émissions que l'EPA[334] avait commencé à mettre en place au sein des Etats-Unis. Frontline doit cependant se plier à la réglementation MRV de l'UE dans la mesure où ses navires font escale en Europe. L'entreprise Frontline dispose d'un code de conduite « Business Ethics & Conduct » mais qui ne porte que sur les aspects sociaux et la lutte contre la corruption, sans aborder l'environnement. S'il n'est pas possible de lire d'engagement environnemental dans cette entreprise, on comprend bien que les risques financiers liés au droit de l'environnement sont mis en valeur notamment la perspective d'un renforcement de la

---

[333] https://www.frontline.bm . L'entreprise dispose d'une soixantaine de navires (VLCC, Suezmax et Aframax).
[334] Environmental Protection Agency

législation environnementale en cas d'accident maritime.

Le transport maritime se confronte à ces nouvelles exigences en développant ses propres indicateurs de performance environnementale et en proposant ses propres outils et mesures de régulation en matière d'émission atmosphériques. De nombreuses initiatives ont ainsi vu le jour, réunissant généralement les acteurs ou utilisateurs d'un type de transport (conteneur, vrac…) autour des enjeux environnementaux, montrant le dynamisme du secteur. Des initiatives publics-privées commencent à se construire. Le Clean Shipping Index intègre les autorités suédoises mais reste encore essentiellement porté par les acteurs économiques. Les nouveaux partenariats impulsés par l'OMI permettront-ils de reconnecter plus fortement États et acteurs économiques, pouvoir et responsabilité ? Il est clair que le travail d'acculturation nécessite un temps long, aboutissant parfois à des échecs[335]. Les premières initiatives ont cependant permis de fixer, dans des délais plus courts que la réglementation, des enjeux

---

[335] Un projet de « label vert » avait émergé en 2017, porté par un dialogue entre l'ONG Surfrider Europe et Armateurs de France, mais le projet est difficile à faire émerger et pourrait se concentrer sur un segment particulier du transport maritime pour commencer.

d'amélioration de la performance. Elles ont créé un partage de l'information et incité sans doute à l'application de normes réglementaires plus strictes. En cela, ce type d'initiatives contribue à la gouvernance du transport maritime, au-delà du pilotage hiérarchique des États souverains.

§2. L'enjeu de la notation extrafinancière

La RSE entre petit à petit dans un corpus réglementaire qui permet de donner effet à des sanctions d'ordre juridique. Mais l'enjeu principal d'une entreprise se situe dans l'ordre économique. « La RSE n'est soutenable que si la vertu rapporte » selon Vogel[336]. Selon que l'entreprise est connue ou inconnue du grand public, la pression est sans doute très différente.

La visibilité de la société, sa connaissance par le grand public semblent des arguments de poids pour pousser les sociétés à s'engager dans des démarches environnementales. De plus en plus de dirigeants pensent aujourd'hui qu'être une entreprise citoyenne est la source d'un avantage concurrentiel[337]. Il semblerait cependant qu'il n'y ait aucune preuve que le fait pour des entreprises de se comporter de façon plus

---

[336] D.VOGEL, Le marché de la Vertu, possibilités et limites de la responsabilité sociale des entreprises, Paris, Economica, 2008, p. 3.
[337] Idem, p. 24.

vertueuse, les rendent plus profitables. Mais inversement, la RSE ne rend pas les entreprises moins profitables, ce qui signifie qu'il est possible pour une firme d'affecter des ressources à la RSE sans être pour autant moins compétitive. Il semble que deux autres facteurs importants sont à prendre en compte pour comprendre les engagements d'une entreprise en RSE : sa visibilité du grand public, et bien entendu, ses obligations réglementaires.

Les acteurs du transport de vrac sont largement méconnus au contraire des transporteurs de conteneurs, plus médiatiques. Pour autant, si ne pas être responsable peut faire perdre des parts de marché, il n'existe pas d'étude permettant de mesurer sérieusement la corrélation entre l'action responsable d'une entreprise et ses profits[338]. Cependant, des agences de notation extrafinancières se sont développées depuis le début des années 2000, afin d'évaluer les pratiques RSE des États, des banques et des entreprises. Les critères de notation ne sont pas standardisés faute d'un référentiel commun, mais s'appuient sur les principes directeurs de l'OCDE et la fameuse *« triple bottom line »*, qui permet aux investisseurs de savoir si l'entreprise gagne ou non de l'argent en intégrant le bilan social et environnemental

---

[338] Idem, p. 48. Même si ce travail date de 2008, il semble toujours d'actualité.

dans les profits et pertes. Ces notations peuvent servir pour les fonds d'Investissement Socialement Responsable[339] (ISR). En France, par exemple, la société Vigeo Eiris a acquis une portée internationale et l'une des « big three », l'agence de notation financière Moody's vient d'en devenir actionnaire majoritaire. Vigeo Eiris gère deux types d'indices : la gamme Euronext Vigeo Eiris et les indices ESI, qui notent les entreprises les plus performantes en matière de RSE. Il ne semble pas figurer de compagnie de transport maritime dans ces indices qui comptent en revanche de grands chargeurs parmi les entreprises les mieux notées (HP, …).

Une startup créée en 2007, EcoVadis, a lancé une plateforme de notation de la RSE des entreprises. Celles-ci remplissent en ligne un questionnaire sur leurs pratiques (21 indicateurs), ces informations sont recoupées et vérifiées par les employés d'EcoVadis, qui rend ensuite les données accessibles, permettant de comparer la note[340] des performances des grands

---

[339] L'ISR peut se définir comme une pratique d'investissement tenant compte des facteurs ESG (environnement, social, gouvernance d'entreprise) dans la prise de décisions financières. En France, des labels permettent de reconnaître les ISR.

[340] Les scores sont compris entre 0 et 100 et des médailles (bronze, argent, or) peuvent s'y ajouter.

groupes et fournisseurs. La plateforme revendique 50 000 partenaires commerciaux dans le monde[341] dont 300 entreprises multinationales. CMA-CGM a ainsi reçu la plus haute distinction « Gold recognition Level » en 2018 pour la 4ème année consécutive, mais on peut regretter qu'aucune de ces notations ne donne lieu à une publication accessible. Paradoxalement, le processus de notation RSE d'EcoVadis n'a aucune transparence, et les résultats restent entre les mains des entreprises qui en ont payé le service.

D'autres références existent : le CDP, anciennement Carbon Disclosure Project est une organisation qui vise à étudier l'impact des principales entreprises mondiales cotées en bourse sur le changement climatique. Elle entretient pour cela une base de données mondiale enrichie par les entreprises et collectivités qui répondent volontairement à un questionnaire annuel. CDP publie ensuite les résultats, mais ceux-ci ne sont accessibles qu'en partie. CMA-CGM annonce avoir été évalué en 2017 « au-dessus de la moyenne » (mais il n'a pas été possible de vérifier en ligne). Les compagnies A.P Moller Maersk, MSC, Cargill font partie de celles qui soumettent des informations.

---

[341] Voir le site internet : https://support.ecovadis.com/hc/fr/articles/210459707-Qui-sont-les-clients-d-EcoVadis-

SECTION 3 – L'INTEGRATION DU TRANSPORT MARITIME DANS LE MARCHE CARBONE : UNE ETAPE INDISPENSABLE ?

Deux instruments de marché coexistent et répondent à des logiques différentes : le régulateur fixe un prix pour le CO2 dans le cas d'une taxe, et ce sont les quantités d'émissions qui vont s'ajuster, tandis que les pouvoir publics fixent les quantités d'émissions dans le cadre de permis d'émissions négociables, et les prix du CO2 s'ajustent sur un marché d'échange[342]. Nous présenterons ces deux instruments de marché (**§1**) avant d'identifier les perspectives dans le cas du transport maritime (**§2**).

§.1 Les mécanismes de flexibilité et la taxe carbone : ajuster le prix ou les permis d'émissions ?

Les instruments de marché ont été consacrés par le Protocole de Kyoto en tant que nouveaux outils économiques au service d'une meilleure effectivité du droit dans le cadre de la lutte contre le changement climatique. Il s'agit des « mécanismes de flexibilité » qui

---

[342] P. FRANC et L. SUTTO, *Les permis d'émission de CO2 dans le transport maritime : quels effets possibles sur les lignes régulières conteneurisées* ? Les Cahiers scientifiques du transport, AFITL, 2012, pp.111-132 disponible au lien suivant : https://halshs.archives-ouvertes.fr/halshs-01366275/document [consulté le 10 mai 2019].

sont de deux types : un système de plafonnement et d'échange de droits d'émissions (le « cap-and-trade ») et des outils économiques de compensation carbone (la compensation carbone issue d'un mécanisme de projet soit dans le cadre d'une mise en œuvre conjointe MOC, soit dans celui d'un mécanisme de développement propre, MDP[343]). Ces mécanismes ont été créés pour faciliter la mise en œuvre des obligations juridiques posées par le protocole de Kyoto, en adoptant une logique d'incitation et non de sanction[344]. Par le

---

[343] La mise en œuvre conjointe est un mécanisme par lequel un pays développé (de la liste de l'Annexe 1 du protocole) peut recevoir des "unités de réduction d'émissions" quand il aide à financer des projets qui réduisent les émissions nettes dans un autre pays développé. Dans la pratique, ce mécanisme concerne avant tout le financement de projets dans les pays d'Europe de l'Est. Dans le mécanisme de développement propre, un pays ou un financeur de l'annexe 1 investit dans un projet de réduction d'émissions dans un pays hors annexe 1 (pays en développement). Il reçoit une unité de réduction certifiée d'émissions (URCE) pour chaque réduction d'une tonne d'émissions de GES, exprimées en équivalent CO2. Les projets doivent être approuvés et enregistrés par le secrétariat de la CCNUCC et les réductions d'émissions vérifiées par des contrôleurs indépendants. Ce dernier mécanisme crée des unités d'émissions puisque le pays « hôte » n'en dispose pas.
[344] M. LEMOINE-SCHONNE, Quelle perspective pour les instruments de marché sur le climat après l'Accord de Paris ?

système « cap-and-trade » une autorisation administrative alloue un quota aux principales entreprises émettrices de GES couvrant une période d'engagement. A la fin de cette période, si les émissions ont dépassé le quota alloué, l'entreprise doit acheter des quotas supplémentaires ou investir dans des projets MOC ou MDP.

Pourquoi un tel système a-t-il été mis en place ? En réalité, peu importe la localisation géographique de l'émission de GES : sa dispersion rapide dans l'atmosphère annihile l'intérêt de son origine. En revanche, cette externalité négative ne fait pas l'objet d'une transaction financière : c'est un effet secondaire d'une activité humaine ou industrielle qui n'est pas prise en compte par le producteur (pollueur). Deux propositions voient alors le jour : un système de taxation pour corriger les prix[345] ou l'attribution de droits de propriété négociables que le pollueur et le pollué pourront échanger, dans la mesure où l'Etat n'a

____

Revue juridique de l'environnement, 2017, HS17 (n° spécial), pp. 141 à 155, disponible au lien suivant :

https://www.cairn.info/revue-revue-juridique-de-l-environnement-2017-HS17-page-141.htm#no1 [consulté le 10 ami 2019].

[345] Position défendue par Pigou dans « the Economics of Welfare » en 1920

pas l'information nécessaire pour fixer le montant de la taxe[346].

L'adoption des mécanismes de flexibilité a été fortement défendue par les États-Unis en décembre 1997, en s'appuyant sur l'efficacité supposée de la rationalité économique – les administrations étant moins bien placées que les entreprises pour décider des solutions technologiques et industrielles optimales. Dès 2005, l'UE, pionnière, a lancé le système d'échange de quotas d'émissions (SEQE). Il couvre 45 % des émissions de plus de 12 000 installations de production d'électricité et d'autres secteurs énergivores dans l'Union, en Islande, au Liechtenstein et en Norvège. Les limites du système ont été rapidement atteintes : en effet, dans un premier temps, un grand nombre de quotas ont été distribués gratuitement aux installations concernées, conduisant à un marché instable et très faible[347], handicapant aussi les entreprises du fait des fluctuations du prix du carbone. A partir de 2013 cependant, certaines entreprises ont dû acheter leurs quotas aux enchères, et aujourd'hui les enchères de quotas sont gelées jusqu'en 2020 (900 millions de quotas), constituant une réserve de stabilité.

---

[346] Position défendue par Coase dans « the problem of social cost » en 1960

[347] La tonne de CO2eq était à 5€ entre 2005 et 2015

L'analyse disponible sur le site de l'UE fait mention d'une basse importante des émissions de GES, de 2 377 Mt CO2eq en 2005 à 1 750 Mt CO2eq en 2016 soit une baisse de 25%. Cependant, on ne sait pas quelle part a occupé le mécanisme de flexibilité dans cette baisse qui coïncide aussi avec une délocalisation des activités de production, la crise économique de 2008 et un prix extrêmement bas du carbone lié au trop-plein de quotas alloués.

Les SEQE se sont multipliés : Nouvelle-Zélande, Chine, Japon, Corée du Sud, Suisse et certaines régions des États-Unis et du Canada. Les accords de Paris prévoient une interconnexion des marchés avec des échanges de crédits carbones facilités par des accords bi ou multilatéraux.... Mais il subsiste encore beaucoup de question sur la comptabilisation, sur la régie de ce système (par les institutions onusiennes ?), sur les crédits (nouveaux ? existants ?)

La question de la fiscalité revient alors sur le devant de la scène. L'Etat reprend son rôle souverain, fixe un prix du carbone, progressif ce qui permet une prévisibilité adaptée aux investissements privés. Malheureusement, cette taxe est socialement difficile à accepter. La taxation carbone a été mise en œuvre dans l'ensemble des États membres de l'UE, et de nombreuses provinces des États-Unis et du Canada. En

France, c'est par la loi de finances 2014[348] que les taxes portant sur la consommation d'énergies fossiles (TICPE, TICGN, TICC[349]) appelées la « contribution Climat-énergie[350] » (CCE) ont été mises en œuvre. Le projet de loi de finances 2019 qui prévoyait une trajectoire renforcée a été au cœur du mouvement des « gilets jaunes » protestant contre cette hausse, qui a été annulée. En réalité, étant donné la chute du cours du pétrole, cette hausse a été transparente pour les citoyens jusqu'à fin 2017. La CCE a rapporté 6,4 milliards d'euros en 2017. Il n'est pas possible de suivre précisément l'usage qui est fait des recettes de la CCE du fait du principe de non affectation des budgets et du

------

[348] Dans le cadre de la composante carbone, le prix de la tonne de CO_2 émise a été fixé à 7 euros en 2014 (cette taxe a été compensée cette année-là par une baisse équivalente de la TICPE pour les carburants). Son montant a par la suite été progressivement rehaussé : 14,5 €/t CO_2 en 2015, puis 22 €/t CO_2 en 2016, 30,5 €/t CO_2 en 2017 et 44,6 €/t CO_2 en 2018.

[349] Taxe intérieure de consommation des produits énergétiques (TICPE), du gaz naturel (TICGN) et du charbon (TICC).

[350] La contribution climat énergie (CCE) n'est pas une taxe à proprement parler mais une modalité de calcul des taxes intérieures de consommation (TIC), proportionnelle au contenu en CO_2 des produits énergétiques. Cette définition répond à la volonté d'introduire des exonérations pour certains secteurs.

fait de la nature même de la composante carbone. La CCE constitue en effet une modalité de calcul des TIC et non un prélèvement à part entière. Les revenus de la TICPE, en revanche, font l'objet d'un fléchage strict : une partie des recettes est affectée à un compte d'affectation spécial « transition énergétique[351] » et d'un fléchage *soft* : pour compenser les prélèvements 3 milliards d'euros ont été mis à disposition des entreprises sous la forme de crédit d'impôt pour la compétitivité et l'emploi (CICE) et 1 milliard d'euros aux ménages sous la forme de taux réduits de TVA sur les travaux de rénovation énergétique.

§.2 Quelles perspectives pour le transport maritime ?

Aujourd'hui le transport maritime est exclu de tous ces mécanismes de marché : taxe carbone comme mécanisme de flexibilité. Le transport aérien international[352] était dans la même situation jusqu'en octobre 2016, date à laquelle la 39ème session de

---

[351] Il s'agit d'une exception au principe de non affectation des budgets. Ce compte est destiné à financer les énergies renouvelables à et à rembourser la dette de l'Etat auprès d'EDF.

[352] Les vols intra-UE sont intégrés dans le SEQE européen depuis la directive 2008/101/CE. Les vols internationaux bénéficient d'une dérogation jusqu'en 2020.

l'Assemblée de l'organisation de l'aviation civile internationale, OACI, s'est conclue par l'adoption d'une résolution relative à un mécanisme mondial basé sur une mesure de marché : le CORSIA[353]. Ce marché prévoit deux temps de mise en œuvre dont un premier sur la base du volontariat – soit 65 États qui représentent 87% de l'activité aérienne internationale, jusqu'en 2026, puis une seconde phase d'application quasi universelle[354] jusqu'en 2035. Le système CORSIA n'est pas un système « cap-and-trade » mais un système de compensation carbone : les émissions de carbone vont augmenter mais devront être compensées par l'achat de crédits carbone par les compagnies aériennes. Pendant 3 ans, la compagnie aérienne doit enregistrer ses émissions de GES puis les rapporter à l'OACI dans un système MRV comparable à celui mis en place par l'UE auprès des transporteurs maritimes. Puis, l'entreprise devra compenser les émissions supérieures au niveau de 2020 et soumettre un rapport indiquant qu'elle l'a fait[355]. La compensation

---

[353] Carbon Offsetting and Reduction Scheme for International Aviation.

[354] Seront exemptés les pays les moins développés, les plus enclavés ou ceux dont le marché aérien est le moins mature.

[355] Article en ligne de M. JOBERT, *Corsia à l'épreuve de la compensation carbone*, Journal de l'Environnement, 5 fev. 2019,

prendra en compte l'ensemble des émissions de CO2 de toutes les compagnies, et sera réaffectée proportionnellement aux émissions de chacune. Toute la question est de savoir quels seront les crédits carbone autorisés, et si les États pourront eux-mêmes déterminer les programmes éligibles, ce qui pourrait amener des avantages concurrentiels pour certains.

CORSIA fait l'objet d'un certain nombre de critiques. D'une part, le processus manque cruellement de transparence (tous les documents sont secrets, leur diffusion étant sévèrement punie) – le contraste avec le travail à l'OMI a été souligné par un observateur de l'ONG Transport et Environnement[356]. Certaines règles permettent de comptabiliser des carburants fossiles comme « faiblement émetteur de carbone » et donc de compenser, ce qui entame la crédibilité du programme.

---

http://www.journaldelenvironnement.net/article/corsia-a-l-epreuve-de-la-compensation-carbone,96004 et article de J. TIMPERLEY, *Corsia : the UN'splan to « offset » growth in aviation emissions after 2020*, Carbon Brief, 4 fev. 2019, https://www.carbonbrief.org/corsia-un-plan-to-offset-growth-in-aviation-emissions-after-2020 [consultés le 18 avril 2019].

[356] Voir l'article de B. HEMMINGS disponible au lien suivant : https://www.euractiv.com/section/aviation/opinion/the-un-is-failing-on-all-fronts-to-tackle-the-climate-impact-of-flying/ [consulté le 18 avril 2019].

Enfin, une récente étude[357] sur le système CORSIA et le SEQE concernant les vols européens met en doute la réalité d'une réduction importante des émissions de CO2 par ces systèmes.

Plusieurs sessions du MEPC ont abordé la question des instruments de marché entre 2006 et 2013. Lors de la 60ème sessions, une dizaine de propositions émanant des États ou d'associations (comme le World Shipping Council) ont été examinées, allant de la compensation à la taxation selon des modalités variées. Les discussions ont continué dans des groupes intersession associés à l'évaluation de l'impact de telles mesures, puis ont été suspendues lors de la 65ème session.

Aujourd'hui, l'International Chamber of Shipping, appuyée par l'ECSA s'érige contre l'entrée du transport maritime international dans un mécanisme de flexibilité, notamment dans le cas d'une application unilatérale par l'UE, ce qui créerait une distorsion de concurrence : une fuite de carbone et une perte de compétitivité des ports européens ne sont en effet pas souhaitables. Au regard des difficultés rencontrées par l'OACI, des effets relativement incertains du SEQE sur la réduction réelle des émissions de CO2 dans

---

[357] J. LARSSON et al., « International and national climate policies for aviation: a review », *Climate Policy*, 2019, https://www.tandfonline.com/doi/full/10.1080/14693062.2018.1562871 [consulté le 15 avril 2019].

l'expérience européenne, du coût et de l'extrême complexité de ces systèmes d'échange ou de compensation, qui permettent cependant de financer de très nombreuses expertises, il nous semble difficile d'envisager une entrée efficace du transport maritime dans un mécanisme de flexibilité.

L'International Chamber of Shipping préfère un système de taxe carbone à l'échelle mondiale. Une étude publiée en mars 2019 par le NewClimate Institute for Climate Policy and Global Sustainability basé en Allemagne[358] identifie cette possibilité comme l'une des mesures les plus efficaces à mettre en œuvre – permettant par la création d'un fonds redistribué, de respecter le principe de responsabilité commune mais différenciée. Parmi ses arguments, l'étude met en avant le fait qu'une taxe claire offre aux investisseurs plus de certitudes et la possibilité de construire des trajectoires en fonction des prix, mais aussi le fait qu'une telle taxe influence les pratiques opérationnelles comme la régulation de la vitesse. Quant à la charge

---

[358] A. KACHI, S. MOOLDIJK et C. WARNECKE, « Carbon pricing options for international maritime emissions », New Climate Institute, mars 2019, disponible en ligne :
https://newclimate.org/wp-content/uploads/2019/04/Carbon-pricing-options-for-international-maritime-emissions.pdf [consulté le 11 mai 2019].

administrative et aux coûts de transaction, ils sont moindres comparés à ceux d'un système de compensation ou d'échange de quotas d'émissions (il n'y a pas de négociation possible). Cependant, une taxe internationale pose des problèmes constitutionnels à certains pays comme la Norvège ou les États-Unis. Pour l'Europe, sa mise en place nécessitera un vote unanime des États membres.

En matière de NOx, l'expérience du fonds norvégien est intéressante[359] : en 2006, une taxe assise sur les émissions réelles de NOx a été créée, qui cible les activités génératrices. Sont exonérées les sources qui concluent un accord environnemental visant à réduire les émissions. Les entreprises adhérant à cet accord cotisent à un fonds en fonction de leurs émissions. Cette cotisation est déductible des impôts. Ce fonds propose alors un soutien financier aux entreprises pour la mise en œuvre de mesures de lutte contre les émissions de NOx. Ce fonds a notamment permis de passer de 3 à 75 navires au GNL entre 2008 et 2015.

Le recours aux instruments de marché reste une question en suspens : l'exercice de prospective est compliqué en matière de marché carbone – il l'est moins en matière de taxe. Les solutions les plus simples

---

[359] Olaf MERK, Decarbonising Maritime Transport, The Case of Sweden, Case-Specific Policy Analysis, International Transport Forum, OCDE, 2018, p.18.

sont-elles les plus efficaces ? Il nous semble en tout cas que le marché de la compensation et des quotas d'émission reste un système extrêmement compliqué. Il nécessitera d'ailleurs de déterminer une quantité d'émissions – or l'écueil de cette estimation a mis en échec le SEQE européen : comment ne pas douter de la difficulté d'un tel exercice ? Certes les systèmes MRV et DCP devraient permettre d'obtenir des données et après quelques années, peut-être de réussir à mieux jauger les ordres de grandeur… La question plus idéologique est sans doute que le marché carbone autorise la compensation, la « neutralité carbone », alors que la taxe carbone, si son prix suit une réelle trajectoire de dissuasion, pousse sans doute vers un « zéro émission ».

CONCLUSION

Le transport maritime international pollue l'atmosphère. Qui en prend la responsabilité ? Après une longue période de méconnaissance et de minimisation du phénomène, la dégradation de ce bien commun ne laisse plus indifférent. Les États agissent dorénavant, en premier lieu dans des modalités conventionnelles pour faire face à l'inscription géographique transfrontalière de la pollution de l'air. Mais les acteurs du transport maritime ne sont pas des sujets du droit international, et la mise en œuvre réglementaire des conventions internationales laisse place à une liberté d'établissement des régimes de sanction dans l'ordre interne qui affaiblit les effets des règles.

Les États construisent cependant, avec force négociations et diplomatie, un corpus réglementaire international qui rigidifie les conditions de circulation des navires, avec effet quasi immédiat à l'échelle de la vie d'un navire et des adaptations décidées individuellement en ce qui concerne les SOx et NOx, mais avec une certaine latitude en ce qui concerne les GES[360]. Celle-ci empêche de construire une lutte efficace face à l'urgence climatique. Le terrain

---

[360] Des objectifs concrets ont été fixés pour 2050, mais sans régime de sanction et dans une trajectoire à préciser.

conventionnel et réglementaire est encore trop lent et l'augmentation du trafic maritime trop rapide : il ne s'agit pas que de maîtriser les émissions d'un navire, il faut maîtriser l'ensemble des émissions de la flotte maritime.

Le transfert de responsabilité vers les acteurs économiques semble en cours : l'institutionnalisation de la RSE et, petit à petit, le recours à des règles de droit européen puis interne qui donnent effet à des normes volontaires encadre les marges de manœuvre de l'entreprise maritime. Les opérateurs maritimes sont actifs que ce soit au travers de leurs associations traditionnelles, ou de réseaux formés pour travailler sur l'environnement. Ils réfléchissent, proposent et concrétisent des innovations. Les collaborations qui se sont formées n'aboutissent pas encore à une nouvelle gouvernance car on ne repère pas dans ces organisations d'autorité capable de faire respecter les règles, ou de mécanisme de conformité. Comment, dès lors, réussir à transformer des propositions de normes ou de démarches de progrès en standards internationaux ? L'une des solutions serait de passer par des obligations réglementaires, ce qui remet l'Etat au centre de la responsabilité, mais qui semble plus un retour en arrière qu'une réelle progression vers une nouvelle gouvernance. Une autre solution envisageable est le recours aux mécanismes de marché, mais la complexité de ce type d'outils laisse perplexe quant à la possibilité d'une réelle transparence, tout au moins dans le cas d'un recours au marché carbone. Une taxe nous semblerait de nature plus adaptée, à l'image du fonds norvégien créé sur les émissions de NOx. Enfin le travail collaboratif dans un partenariat public-privé semble un levier intéressant dont il conviendra d'étudier les effets.

Ce sont peut-être aussi les progrès de la compliance[361] qui permettront de progresser. La compliance renvoie à l'obligation de respecter les normes professionnelles et déontologiques, les règles de bonne conduite et les règles spécifiques applicables à une activité. Appliquée à l'origine aux activités du secteur bancaire et financier, la compliance s'est étendue aujourd'hui et institutionnalisée, notamment dans le secteur des préoccupations environnementales. Elle constitue à la fois une exigence de conformité du comportement des acteurs économiques aux lois et règlements, voire aux bonnes pratiques, mais aussi un principe dynamique qui tend à évaluer en continu l'exposition des entreprises du domaine concerné aux risques de

---

[361] Jean-Nicolas CLEMENT, « La compliance environnementale », *revue des juristes de Sciences Po*, n°16, janvier 2019, https://www.gide.com/fr/actualites/la-compliance-environnementalehttps://www.gide.com/fr/actualites/la-compliance-environnementale [consulté le 10 avril 2019].

sanctions (pénales, administratives) aux coûts pour la mise en conformité et aux risques de dégradation de l'image et la réputation. On note aujourd'hui une réflexion croissante sur le sujet de la part des pouvoirs publics[362], ainsi qu'une prise de conscience par les entreprises des risques et coûts induits par la non-conformité environnementale. La conformité revendiquée dans les communications de l'entreprise est bien une conformité imposée au sens de l'article 1100 du Code Civil[363]. L'entreprise doit se doter d'organes (souvent internes) qui bénéficient d'une certaine indépendance pour porter un regard extérieur sur la politique environnementale ou les décisions structurantes et engageante de celles-ci. La compliance permet de ne pas se limiter à une conformité aux normes, mais être dans une dynamique d'amélioration constante, de démarche de progrès. Suite à la loi Sapin 2[364], les grandes entreprises doivent prévoir par exemple un code de conduite sur les comportements à

---

[362] Communication de la commission européenne du 18 janvier 2018 « les actions à entreprendre pour améliorer la compliance environnementale et la gouvernance »

[363] L'article 1100 code civil dispose que « les obligations (...) peuvent naître de l'exécution volontaire ou la promesse d'exécution d'un devoir de conscience envers autrui ».

[364] Loi n° 2016-1691 du 9 décembre 2016 relative à la transparence, à la lutte contre la corruption et à la modernisation de la vie économique (1)

proscrire, des dispositifs d'alerte interne, et des sanctions allant jusqu'à 1 million d'euros pour les personnes morales. La compliance environnementale pourrait ainsi venir confirmer les progrès de la RSE.

BIBLIOGRAPHIE

I.   OUVRAGES

Ouvrages juridiques

BEURIER J-P. (dir.), *Droits maritimes : 2015/2016*, Paris, Dalloz, 3. éd., 2014, 1792 p.

FRISON-ROCHE M-A. (dir.), *Régulation, supervision, compliance*, Paris, Dalloz, 2017, 140 p.

MARTIN-CHENUT K. et JEULAND C., Le rôle du droit dans la protection de l'environnement, Actes du séminaire organisé par la Plateforme RSE le 30 mai 2018, Paris, France Stratégie, 2018, 59 p., https://www.strategie.gouv.fr/sites/strategie.gouv.fr/files/atoms/files/fs-actes-role-droit-protection-environnement-14-09-2018_0.pdf

MEKKI M. et NAIM-GESBERT E. (dir.), Droit public et droit privé de l'environnement : unité dans la diversité ? Actes du colloque international organisé à Paris le 12 juin 2015 par l'Université Paris 13-Sorbonne Paris Cité, Issy-les-Moulineaux, LGDJ, 2016, 247 p.

MONTAS A., *Droit maritime*, Paris, Vuibert, 2015, 282 p.

POSTEL N., SOBEL R. et CHAVY F., *Dictionnaire critique de la RSE*, Villeneuve-d'Ascq, Presses universitaires du Septentrion, 2013, 498 p.

SUPIOT A. et DELMAS-MARTY M. (dir), *Prendre la responsabilité au sérieux*, Paris, Presses Universitaires de France, 1ère éd, 2015, 429 p.

SUPIOT A. (dir.), L'entreprise dans un monde sans frontières : perspectives économiques et juridiques, Paris, Dalloz, 2015, 344 p.

VOGEL D., Le marché de la vertu : possibilités et limites de la responsabilité sociale des entreprises, Paris, Economica, 2008, 247 p.

Ouvrages scientifiques

BENEZECH V. et al, *ITF Transport Outlook 2017*, Paris, OCDE, 2017, 222 p., http://dx.doi.org/10.1787/9789282108000-en

BUHAUG Ø. et al, *Second GHG Study 2009*, Londres, International Maritime Organisation, 2009, 220 p.

EUZEN A., GAILL F., LACROIX D. et al. (dir.), *L'océan à découvert*, Paris, CNRS, 2017, 321 p.

FABER J. et al, *Estimated Index Values of New Ships, Analysis of EIVs of Ships that Have entered the fleet since 2009*, Delft, CE Delft, 2015, 36 p., https://www.transportenvironment.org/sites/te/files/publications/2015%2005%20CE_Delft_7E50_Estimated_Index_Values_of_New_Ships_DEF.pdf

SKJØLSVIK K.O. et al, Study of greenhouse gas emissions from ships, Final report to International Maritime Organization, Trondheim, Marintek, 2000, 170 p.

MERK O., *Shipping Emissions in Ports*, International Transport Forum Discussion Papers, Paris, OCDE, 2014, 84 p., http://dx.doi.org/10.1787/5jrw1ktc83r1-en

MERK O. et al., *The impact of mega-ships, case-specific Policy Analysis*, Paris, OCDE, 2015, 108 p., https://www.itf-oecd.org/sites/default/files/docs/15cspa_mega-ships.pdf

MERK O., *Decarbonising Maritime Transport, The Case of Sweden, Case-Specific Policy Analysis*, International Transport Forum, Paris, OCDE, 2018, 28 p., https://www.itf-oecd.org/decarbonising-maritime-transport-sweden

OLMER N. et al, *Greenhouse Gas Emissions from Global Shipping, 2013-2015,* The international council of clean transportation (ICCT), Washington, 2017, 27 p., https://www.theicct.org/sites/default/files/publications/Global-shipping-GHG-emissions-2013-2015_ICCT-Report_17102017_vF.pdf

ROUIL L. et al., ECAMED: a Technical Feasibility Study for the Implementation of an Emission Control Area (ECA) in the Mediterranean Sea, Verneuil-en-Halatte, Institut national de l'environnement industriel et des risques, 2019, 90 p.

SAVY M. et al., *Le fret mondial et le changement climatique, perspectives et marges de progrès*, Centre d'analyse stratégique, Paris, 2010, La Documentation française, 138 p., https://www.ladocumentationfrancaise.fr/var/storage/rapports-publics/104000665.pdf

SMITH T.W.P. et al, *Third IMO GHG Study 2014*, Londres, International Maritime Organisation, 2014, 295 p.

UNITED NATIONS CONFERENCE ON TRADE AND DEVELOPMENT, *Review of Maritime Transport 2018.*, S.l., UNITED NATIONS, New-York, 2019, 102 p., https://unctad.org/en/PublicationsLibrary/rmt2018_en.pdf

II.   ARTICLES ET CONTRIBUTIONS A OUVRAGES COLLECTIFS

Articles et contributions juridiques

ABADIE P., « Gouvernance environnementale : quelles articulations entre responsabilité des États et responsabilité des entreprises ? », in *Le rôle du droit dans la protection de l'environnement, Actes du séminaire organisé par la Plateforme RSE le 30 mai 2018*, Paris, France Stratégie, 2018, pp. 17-26.

BILLET P., « Réduction stratégique des GES dans les transports maritimes », *Énergie-Environnement-Infrastructures*, 2018, juin, n°6.

BOIDIN B., « Pays en développement », in *Dictionnaire critique de la RSE*, Villeneuve-d'Ascq, Presses universitaires du Septentrion, 2013, pp.107-111.

BOUTONNET M. et NEYRET L., « La consécration du concept d'obligation environnementale », *recueil Dalloz*, 2014, p135.

CAPRON M., « Conceptions de la RSE » in *Dictionnaire critique de la RSE*, Villeneuve-d'Ascq, Presses universitaires du Septentrion, 2013, pp. 65-69.

CHATZISTAVROU F., « L'usage du soft law dans le système juridique international et ses implications sémantiques et pratiques sur la notion de règle de droit », *Le Portique - Revue de philosophie et de sciences humaines,* 2015, n°15, https://journals.openedition.org/leportique/591

CHAUMETTE P., « Construction du droit maritime de l'Union Européenne », in *Droits maritimes : 2015/2016,* Paris, Dalloz, 3. éd., 2014, pp. 187-208.

CLARENC BICUDO N., « L'OMI et l'air impur du large, la vie juridique des règles relatives à la pollution atmosphérique des navires », *RGDIP*, 2017, n°2, pp.359-391.

CLEMENT J-N., « La compliance environnementale », *Revue des juristes de Sciences Po*, 2019, janvier, n°16, https://www.gide.com/fr/actualites/la-compliance-environnementale

COMBES J-L., COMBES-MOTEL P. et SCHWARTZ S., « Un survol de la théorie des biens communs », *Revue d'économie du développement*, 2016, vol. 24, n° 3, pp. 55-83, http://www.cairn.info/revue-d-economie-du-developpement-2016-3-page-55.htm

CORDONNIER L., « Financiarisation » in *Dictionnaire critique de la RSE*, Villeneuve-d'Ascq, Presses universitaires du Septentrion, 2013, pp. 206-210.

ESNARD L., « Obligations d'information et de déclaration relatives aux émissions de CO2 », *Gazette n°40*, Chambre arbitrale maritime de Paris, printemps 2016, https://www.arbitrage-maritime.org/CAMP-V3/gazettes-de-la-chambre/

ESNARD L., « Diminution des seuils de rejets de soufre dans l'atmosphère par les navires », *Gazette n°47*, Chambre arbitrale maritime de Paris, automne 2018, https://www.arbitrage-maritime.org/CAMP-V3/gazettes-de-la-chambre/

FEDI L., « La surveillance, la déclaration et la vérification des émissions de CO2 du transport maritime », *Droit Maritime Français*, 2017, janvier, n°787, pp.7-19.

GAMBARDELLA S., « La stratégie de réduction des émissions maritimes internationales de gaz à effet de serre après l'accord de Paris, réflexions sur la pertinence de l'Organisation maritime internationale en tant qu'échelle d'action », *Revue Juridique de l'Environnement*, 2017, n° spécial, pp.201-213.

LARSSON J. et al., « International and national climate policies for aviation : a review », *Climate Policy*, 2019, https://www.tandfonline.com/doi/full/10.1080/146930 62.2018.1562871

LAURET P., « L'atmosphère, bien commun très politique », *Vacarme*, 2010, vol. 51, n° 2, pp. 35-37, http://www.cairn.info/revue-vacarme-2010-2-page-35.htm

LEMOINE-SCHONNE M., « Quelle perspective pour les instruments de marché sur le climat après l'Accord de Paris ? » *Revue juridique de l'environnement*, 2017, HS17 (n° spécial), pp. 141 à 155, https://www.cairn.info/revue-revue-juridique-de-l-environnement-2017-HS17-page-141.htm#no1

LUND-THOMSEN P., TAUDAL POULSEN R. et ACKRILL R., «Corporate Social Responsibility in the international shipping industry: state-of-the-art, current challenges and future directions », *The Journal of Sustainable Mobility*, 2016, vol.3, n°2, p3-13, https://research-api.cbs.dk/ws/portalfiles/portal/50312841/peter_lund_thomsen_corporate_social_responsibility_in_the_intern ational_shipping_industry_acceptedversion.pdf

MORIN M., « La pollution de l'air par les navires : la fracture atmosphérique de la latitude 48°30' en

Atlantique Nord-Est », *Neptunus*, e.revue, 2017, mars, vol 23, https://cdmo.univ-nantes.fr/neptunus-e-revue/annees-2010/annees-2010-2196585.kjsp?RH=1339768045590

OST F., « Oser la pensée complexe ; l'exemple des communs » in Droit public et droit privé de l'environnement : unité dans la diversité ? Actes du colloque international organisé à Paris le 12 juin 2015 par l'Université Paris 13-Sorbonne Paris Cité, Issy-les-Moulineaux, LGDJ, 2016, pp.7-19.

PASCHALIDIS P., « Commentaire sur l'Avis 2/15 rendu par la Cour de justice de l'Union européenne », Lextenso.fr, 2017, décembre, https://www.lextenso.fr/cahiers-de-larbitrage/CAPJA2017-3-005

POSTEL N. et SOBEL R., « Introduction générale et guide de lecture », in *Dictionnaire critique de la RSE*, Villeneuve-d'Ascq, Presses universitaires du Septentrion, 2013, pp.7-15.

TREBULLE F-G., « Responsabilité et changement climatique : quelle responsabilité pour le secteur privé ? » *Énergie – Environnement – Infrastructures*, 2018, août, n°8-9, dossier 24.

VERCHER C. et PALPACUER F., « Chaine globale de Valeur », in *Dictionnaire critique de la RSE*, Villeneuve-d'Ascq, Presses universitaires du Septentrion, 2013, pp. 38-43.

VIRALLY M., « la valeur juridique des recommandations des organisations internationales », *Annuaire Français de Droit International*, 1956, vol. 2, pp. 66-96, https://www.persee.fr/doc/afdi_0066-3085_1956_num_2_1_1226

WUISAN L., VAN LEEUWEN J. et VAN KOPPEN C.S.A, « Greening international shipping through private governance: a case study of the Clean Shipping Project », *Marine Policy*, 2012, n°36, pp.165-173.

Articles et contributions scientifiques

CORBETT J. J., FISCHBECK P. S. et PANDIS S. N., « Global Nitrogen and Sulfur Emissions Inventories for Oceangoing Ships », *Journal of Geophysical Research*, 1999, février, n°104 (D3), pp.3457–3470.

CORBETT J. J. et al, « Mortality from ship emissions: global assessment », *Environmental Science and Technology*, 2007, décembre, vol. 41, n°24, pp. 85512-8518, https://www.researchgate.net/publication/5650440_Mortality_from_Ship_Emissions_A_Global_Assessment

EYRING Veronika et al., «Transport impacts on atmosphere and climate: Shipping », *Atmospheric Environment*, 2010, décembre, n°37, pp. 4735-4771, https://www.geos.ed.ac.uk/~dstevens/publications/eyring_ae09.pdf

FRANC P. et SUTTO L., « Les permis d'émission de CO2 dans le transport maritime : quels effets possibles sur les lignes régulières conteneurisées ? », *Les Cahiers scientifiques du transport*, AFITL, 2012, pp.111-132, https://halshs.archives-ouvertes.fr/halshs-01366275/document

GATTUSO J-P et MAGNAN A. K., « Risques liés aux changements climatiques », in *L'océan à découvert*, CNRS, 2017, pp. 220-221.

JOHANSSON L., JALKANEN J-P. et KUKKONEN J., « Global Assessment of shipping emissions in 2015 on a high spatial and temporal resolution », *Atmospheric Environment*, 2017, n°167, pp. 403-415.

KACHI A., MOOLDIJK S. et WARNECKE C., « Carbon pricing options for international maritime emissions », *New Climate Institute*, 2019, mars, https://newclimate.org/wp-content/uploads/2019/04/Carbon-pricing-options-for-international-maritime-emissions.pdf

RAHIM M. M., ISLAM Md. T. et KURUPPU S., « Regulating global shipping corporations' accountability for reducing greenhouse gas emissions in the seas », *Marine Policy*, 2016, avril, n°69, pp.159-170.

VALERO C., « Une énergie économique et écologique : la force du vent,» ISEMAR, 2019, mai, note de synthèse n°210, https://www.isemar.fr/wp-content/uploads/2019/05/Note-de-Synthèse-210-Une-énergie-économique-et-écologique-la-force-du-vent.pdf

III.   THESES ET MEMOIRES

Thèses

DOUDNIKOFF Marjorie, Réduire les émissions du transport maritime : les politiques publiques et leurs impacts sur les stratégies des compagnies maritimes de lignes régulières, Économies et finances, Université Paris-Est, 2015, 383 p.

LEFEBVRE-CHALAIN Hélène, *La stratégie normative de l'organisation maritime internationale (OMI)*, Université de Nantes, Faculté De Droit Et Des Sciences Politiques- École Doctorale du Centre De Droit Maritime Et Océanique (Cdmo- Ea 1165), 2010, 706 p.

MOLINER-DUBOST Marianne, *Le droit face à la pollution atmosphérique et aux changements climatiques*, Droit, Université Jean-Moulin Lyon 3, 2001, 1200 p.

Mémoires

BLANQUART Augustin, *Adaptation de la réglementation française aux solutions de propulsion innovantes : le cas de la propulsion éolienne*, Mémoire de Master 2 droit et sécurité des activités maritimes et océaniques, Université de Nantes, 2017, 100 p.

DESMOULINS Charles, Le renouveau des systèmes de propulsion au gaz, une réponse des industriels aux échéances des normes d'émission de polluants atmosphériques de l'Annexe VI de la MARPOL, Mémoire de Master 2 droit et sécurité des activités maritimes et océaniques, Université de Nantes, 2018, 62 p.

IV.   DOCUMENTS OFFICIELS

International

MARPOL, édition récapitulative de 2017, Organisation Maritime Internationale, publication de l'OMI, 2017, 488 p.

Rés. MEPC.278(70), Amendments to the annex of the protocol of 1997 to amend the international convention for the prevention of pollution from ships, 1973, as modified by the protocol of 1978 relating thereto, adoptée le 28 octobre 2016 par le MEPC lors de la 70ème session.

Rés. MEPC.304(72), Initial IMO strategy on reduction of GHG emissions from ships, adoptée le 13 avril 2018 par le MEPC lors de la 72ème session.

Union européenne

COM(2011) 144 final, Livre Blanc - Feuille de route pour un espace européen unique des transports – Vers un système de transport compétitif et économe en ressources, Bruxelles, 28 mars 2011.

COM(2011) 681 final/2, Responsabilité sociale des entreprises: une nouvelle stratégie de l'UE pour la période 2011-2014, 7 novembre 2012.

COM(2013) 479 final, Communication from the Commission to the European Parliament, the Council, the European Economic and Social Committee and the Committee of the Regions - Integrating maritime transport emissions in the EU's greenhouse gas reduction policies, 28 juin 2013.

COM(2018)188 final, Rapport de la Commission au Parlement européen et au Conseil relatif à la mise en œuvre et au respect des normes en matière de teneur en soufre des combustibles marins établies par la directive 2016/802/UE concernant une réduction de la teneur en soufre de certains combustibles liquides, Bruxelles, 16 avril 2018.

COM(2019)38 final, Proposition de règlement du Parlement européen et du Conseil modifiant le règlement (UE) 2015/757 afin de tenir dûment compte du système mondial de collecte des données relatives à la consommation de fuel-oil des navires, 8 février 2019.

national

Note technique du 21 mars 2017 relative à la détection par des aéronefs de possibles infractions à l'annexe VI Marpol et aux mesures d'information et de contrôle par les CROSS et les CSN,
NOR : DEVT1700247N.

Assemblée nationale, Compte-rendu de la mission d'information sur les freins à la transition énergétique, compte-rendu n°18, audition plénière du 7 février 2019, Véronique Riotton (Prés.), *La transition énergétique dans le transport maritime* : documentaire vidéo http://videos.assemblee-nationale.fr/video.7243287_5c5bea96ed6f3.freins-a-la-transition-energetique--transition-energetique-dans-le-transport-maritime-et-le-transpo-7-fevrier-2019

Sénat, Rapport fait au nom de la commission d'enquête sur le coût économique et financier de la pollution de l'air, 9 juillet 2015, tome I, dépôt publié au Journal Officiel, J-F. Husson (Prés.).

Étude d'impact du projet de loi d'orientation des mobilités publiée le 26 novembre 2018, NOR : TRET1821032L/BLEUE, 427 p.

V.   JURISPRUDENCE

Cass. Crim., 25 septembre 2012, n°10.82-938, FP-P+B+R+I.

CJUE, 23 janvier 2014, Mattia Manzi et Compagnia Naivera Orchestra c/ Capitaneria di Porto di Genova, aff. C-537/11.

SIGLES ET ABREVIATIONS

AASQA	Agence agréée de surveillance de la qualité de l'air
AESM	Agence européenne de sécurité maritime
AIS	Automatic Identification System
BC	Black Carbon
BIMCO	Baltic and International Maritime Council
CARB	Californian Air Resources Board
Cnuced	Conférence des Nations Unies pour le commerce et le développement
CCNUCC	Convention cadre des Nations Unies pour le changement climatique
CCWG	Clean Cargo Working Group
CGV	Chaîne globale de valeur
CORSIA	Carbon Offsetting and Reduction Scheme for Aviation
CNRS	Centre national de la recherche scientifique
CNUDM	Convention des Nations Unies sur le droit de la mer
CPATLD	Convention sur la pollution atmosphérique transfrontière à longue distance
CSP	Clean Shipping Project
CSI	Clean Shipping Index
CJUE	Cour de justice de l'Union européenne
CBDR	Common But Differentiated Responsibilities
CO2	Dioxyde de carbone

ECSA	European Community Shipowners' Associations
DCP	Data Collection Plan
DPEF	Déclaration de performance extrafinancière
EEDI	Energy Efficiency Design Index
ESI	Environmental Ship Index
FEM	Fonds mondial pour l'environment
GATT	General Agreement on Tariffs and Trade
GES	Gaz à effet de serre
GNL	Gaz naturel liquéfié
GRI	Global Reporting Initiative
IACS	International Association of Classification Societies
IAPH	International Association of Ports and Harbors
ICS	International Chamber of Shipping
INTERCARGO	International Association of Dry Cargo Shipowners
INTERTANKO	International Association of Independent Tankers Owners
ISEMAR	Institut supérieur d'économie maritime Nantes Saint Nazaire
ISO	International Organisation for Standardization
ISR	Investissement socialement responsable
ITF	International Transport Forum
LGDJ	Librairie générale de droit et de jurisprudence
MDP	Mécanisme de développement propre
MBM	Market-based Measures

MEPC	Marine Environmental Protection Committee
MOC	Mise en œuvre conjointe
MOU	Memorandum of understanding
MRV	Monitoring Reporting Verification
Mt	Millions de tonnes
NOx	Oxydes d'azote
OACI	Organisation de l'aviation civile internationale
OCDE	Organisation de coopération et de développement économique
ODD	Objectifs de développement durable
OMC	Organisation mondiale du commerce
OMCI	Organisation maritime consultative internationale
OMI	Organisation maritime internationale
OMS	Organisation mondiale de la santé
ONG	Organisation non gouvernementale
ONU	Organisation des Nations-Unies
PCN	Point de contact national
PM	Particulate Matter
PNUD	Programme des Nations Unies pour le développement
RGDIP	Revue Générale de droit international public
RSE	Responsabilité sociale des entreprises
RO-RO	Roll On Roll Off
SBSTA	Subsidiary Body for Scientific and Technological Advice
SEEMP	Ship Energy Efficiency Management Plan

SEQE	Système d'échange de quotas d'émissions
SOx	Oxydes de soufre
t.km	tonne-kilomètres
TFUE	Traité de fonctionnement de l'Union européenne
UE	Union européenne
USD	United States Dollars
WSC	World Shipping Council
WPCI	World Port Climate Initiative
ZEE	Zone économique exclusive
ZCE	Zone de contrôle des émissions

TABLE DES MATIÈRES